JN252057

保育行為スタイルの生成・維持プロセスに関する研究

上　田　敏　文　著

風　間　書　房

目　次

序章　研究の背景と目的

第1節　本研究の背景

幼稚園や保育所において，保育者は幼児をどのように保育していくのだろうか。保育の基本は，幼稚園教育要領に記されているように，遊びの中で「環境を通して行うこと」が中心である（文部科学省，2008）。しかし，童心に返り，ただ幼児と楽しく遊ぶことが保育者の役割ではない。幼児にとっては，先生と楽しく遊ぶ中でも，保育者の視点からは背後に教育的意図が存在し，その遊びの中で「活動の場面に応じて，適切な指導を行う」（文部科学省，2008）ことが重要である。

しかしながら，この「適切な指導」とはきわめて難しい問いでもある。一体，どのような保育行為が適切な指導であるのかは，当然ながら一概に決定されるものではない。3歳児や4歳児といった年齢はもとより，「今・ここ」にいる「その子」にとって，どのようにかかわることが「適切な指導」であるのかは，誰も判断できないからだ。少なくとも，こういう場面には，こういう風にかかわるのが適切であろう，これまでの経験から，こういう幼児にはこうかかわることで問題が解決されるだろう，という実践知の中で，判断しているにすぎないのである。このような保育における幼児へのかかわりの難しさを秋田は「応答性や無限定性を伴うケアという行為のむずかしさ」と表現している（秋田，2000）。

小川が，人的環境としての保育者の役割を幼児の先に立つ「見られる」，幼児の後ろに立つ「見る」，幼児に並ぶ「場を共有する」，幼児と向き合う「場を共にする」という役割の多様性を示している（小川，2000）ように，保育の中では，保育者は多様な役割を引き受けており，仕事の複雑さがある。

そして，このような複雑な役割を引き受けつつ，保育者としての経験年数を蓄積していくことで，場面場面に応じた「適切な指導」を選択し，行うことができるようになる。例えば，梶田・杉村・桐山・後藤・吉田（1988）は，具体的な事例を保育者に投げかけ，経験年数の長い保育者ほど，適切な対応ができることを示している。また，高濱（2000）も保育者の熟達化プロセスを明らかにした研究において，経験年数の長い保育者の方が，多様な幼児への個人差へ関心を広げることができ，それが幼児を捉える視点の多様さに繋がり，個人差にフィットした対応が可能になると述べている。同じような結果は，真宮・川上・赤井（2004）にも示されており，保育経験の蓄積が保育者としての専門性を高め，それぞれの保育の場面に適した適切な指導やかかわりを行うことができるようになるといえる。

だが，保育の現場をみてみると，幼児のいざこざに対して，ある保育者は，両者の言い分を聞き，お互いに謝るように声かけをするというけんか両成敗として解決をしていくのに対して，異なる保育者は，全く異なるアプローチで問題を解決していくことがみられる。ここには，どのような場面でどのようにかかわるのかという「適切な指導」が経験年数の蓄積によって，ひとつの方向に収斂していくのではなく，個々の保育者によって，そのかかわり方に特徴や何らかの傾向が現れてきているといえるのではないだろうか。本研究の出発点はここにある。

このような個々の保育者に見られる保育行為の特徴や傾向，偏りの違いのことを，本研究では保育行為スタイルと呼ぶ（なぜ保育行為スタイルという用語を採用したのか，また，保育行為スタイル研究の歴史的俯瞰は，第１章で詳しく述べる）。

つまり，経験年数の蓄積によって，保育者は様々な保育場面において，適切にかかわることができるようになるとはいえ，そこには個々人によって大きな差がある。そして，このような差は，これまで保育行為スタイルとして捉えられ研究されてきていた。よって，次節では，保育行為に関する先行研究のレビューとそこから浮かびあがる課題についてみていく。

第２節　保育行為スタイルの先行研究の検討

これまでの保育者が行う保育行為に関する研究として，大きくは次の３つに分類することができる。１）保育行為の多様性に対する計量的研究，２）保育行為スタイルの分類に関する研究，３）保育行為スタイルに影響を与える保育者の要因に関する研究である。

１）保育行為の多様性に対する計量的研究

保育とは環境を通して行うものであり，直接的に命令・指示することよりも，人的環境や物的環境を通した間接的なかかわりによって行う。従って，保育者が取りうる行動には実に様々なものがあり，それを明らかにしようとする研究がなされてきた。

小川・山本・間宮・小笠原・見村・沢田・鏑木・鈴木・望月・福島・池田・赤石・圓山（1978）は，保育者が自身の保育について適切に反省するために自身の保育への構想があり，実際の保育行動が客観的に後付けられる必要があると考え，保育行動を客観的に分析する方法を考察している。そこでは，保育者が幼児に対して行う行動を伝達スタイル（Communication style）として捉え，「指示」「認知」「表出」など13のカテゴリーに分類し，測定しようと試みている。芦田（1992）も，保育者の保育行動カテゴリーの分析を試みており，「与える」「求める」「答える」「受ける」「整える」というカテゴリーを作成している。また，田中・渡邊（1988）も，保育者の保育行動評価として「意志の叙述」「状況の叙述」「想起」「伝達」「指示」「誘いかけ」という風に13のカテゴリーを作成し，幼稚園教諭の発話内容を分析している。

これらの先行研究からは，保育者の保育行動には多様な行動があること，その行動には，同じ園の保育者でも，個々の保育者によって違いが生じていることが明らかになっているといえよう。しかし，一方で，保育者が行う行動にどのような意味があるのかまで含めてカテゴリー化しようと試みると，状況依存的になり，行動が際限なく細分化していくことから展開の難しさがあるといえよう。

2）保育行為スタイルの分類に関する研究

1）であらわれたような保育者間の行動の違いを保育行為スタイルとして捉えていき，そこにはどのようなスタイルの違いがあるのかを分析した研究があげられる。例えば，保育者の保育行為スタイルが4つに分かれていることを明らかにしたもの（Kruif・McWilliam・Ridley・Waley, 2000）や，保育経験の短い保育者が一方的に指導し，経験の長い保育者ほど，幼児に考えさせる指導を行っていると述べたもの（関口・橋本・後藤・常田・二階堂，1985；関口・橋本・後藤・常田・二階堂，1986）があげられる（その他にも，赤塚・森・石橋・福井，1981；赤塚・森・大元，1982；梶田・杉村・桐山・後藤・吉田，1988など。小学校以上であれば，Luisell, 1992; Mohanna, 2008などがある）。渡辺（1979，1981）は，保育者の保育行為スタイルを3つに分類した上で，母親の養育態度と比較検討を行っており，また，Kruif・McWilliam・Ridley・Waley（2000）の知見を受けて，上田（2008）も同様に日本の保育者の保育行為スタイルが4つに分かれることを明らかにした。これらの研究の成果から，保育者の保育行為は偏りのある個々人の特性として，分類されることが明らかとなっている。

3）保育行為スタイルに影響を与える保育者の要因に関する研究

次に保育行為スタイルに影響を与える保育者の要因についての研究である。ここには保育行為スタイルに影響を与えるものとして，保育者の持つ価値観やイデオロギーとの関連を明らかにしようとした研究があげられる。例えば，森・大元・西田・植田（1985）や森・植田・大元・西田・湯川（1986），森・

大元・植田・西田（1986），森・七木田・青井・廿日出（1991），中井・川下（2003），中井・松良（2005）は，保育行為が個々の持つ保育者の価値観と関連していることを明らかにしている。梶田・後藤・吉田（1985）や梶田・杉村・桐山・後藤・吉田（1988），杉村・桐山（1991）は，「個人レベルの指導論」として，価値観と行為とが関連していることと保育者の価値観がいくつかにまとまることを示唆している（他にも藤崎・熊谷・藤永，1985；藤崎・熊谷・藤永，1986；笠原・藤井，1997などがあげられる）。これらの知見は，特に保育経験の長い保育者は，「こうあるべき」という価値観を所有し，それが「こうかかわるべき」という保育行為スタイルに影響していることを示している。

以上，これらの先行研究の知見を総括すれば，保育者の保育行為は，多様なものが含まれているものの，どのような保育行為を行いやすいのかは，一定程度，幾つかのグループに分けることができ，かつ，そのように分かれる要因として，保育者が所有する価値観が影響しているとまとめられる。

だが，前述したように，保育者は経験年数が長くなるに従って，その場面や状況に応じた適切なかかわりを行うことができるようになるという知見（高濱，2000；横山・秋田，2001；真宮・川上・赤井，2004など）も蓄積されている。

つまり，ここには保育経験の長い保育者になるほど，適切な指導やかかわりの知識が増え，場面に応じた行為が選択できるようになるが，一方で，経験の長い保育者になるほど，同じような場面では同じようなかかわりを行うようになるという，保育行為に着目すると相反する知見がこれまで蓄積されてきている。なぜこのような相反する知見が生じているのだろうか。この矛盾を生じさせているのは，次の2点であると考える。

第一に，行為の頻度としてスタイルを捉えていることである。従来の研究では，観察やアンケートによって定量的に測定された行為から分類されたものが主である。だが，同じ行為であったとしても，初任者とベテランでは異なる理由から行っているのかもしれない。あるいはベテラン保育者は，ある場面に対する適切なかかわりがわかりきっているからこそ，かかわりの選択肢が少ないのかもしれない。従って，行為だけではなく，その行為を裏付けている行為の意味を研究の射程とする必要がある。

第二に，保育行為スタイルを固定的なものとして捉えていることである。上述したように，量的研究が中心であった従来の研究において，保育行為スタイルは改善していく必要のあるものと捉えられてきた。例えば，中井・松良（2005）は保育者の価値観と保育行為スタイルとの関係が明らかにした上で，これが新たな知識や指導論を組み入れる際の阻害要因となると述べている。だが，保育行為スタイルとは保育者がこれまでの保育経験の蓄積の中で，自らの価値観と日々の保育行為とを結びつけた中で生成されたものである。保育者の保育行為スタイルが固定的であることの意味を問う必要がある。

以上のことから，本研究では，保育者の保育行為スタイルに焦点をあて，これを単に行為の偏りとして捉えるのではなく，保育者の価値観と結び付いた上で生成され，維持されているものであることを明らかにする。

第3節　本研究の目的

以上のことを踏まえて，本研究の目的と構成を記す。

本研究の目的は，発生の三層モデル（Three Layers Model of Genesis：以下，TLMG）を手がかりに保育行為と価値観の関係を捉えることで，保育行為スタイルがどのように生成・維持されているのかを明らかにする。具体的には，次のような研究課題を設定した。

第一に，これまでの保育行為スタイルに関する研究をめぐる概念整理と課題について検討する（第1章）。前述したように，保育行為スタイルには，様々な用語が使われ，また，多くのスタイルが言及されている。保育者の保育行為スタイルについての先行研究の蓄積を整理し，80年代以後，これらの研究が行き詰まった要因を明らかにする。また，この課題を乗り越えていくために，本研究では，ヴァルシナーのTLMGを理論枠組として依拠するが，本理論枠組について整理する（第2章）。

第二に，これまでの先行研究で明らかにされている経験の長い保育者の保育行為スタイルの違いがどのように生成され維持されているのかという点である。まず，保育者の保育行為スタイルにはどのようなものがあり，どのような特徴があるのかを明らかにし（第3章），それがなぜ分岐するのか，そこにはどのような保育者の価値観と結び付いているのか，保育場面による違いはどのように影響しているのかを明らかにする（第4章）。

第三に，保育行為スタイルを所有する保育者は，それまでの保育経験の中で，何らかの経験が価値観に結び付き，保育行為スタイルを生成していると考えられる。よって，保育行為スタイルが成立する萌芽として，日常の保育行為がどのような形で価値観に影響していくのかを，特にその行為から価値観への影響が多いと考えられる初任保育者を対象に明らかにしていく（第5章）。

第四に，保育行為スタイルが固定的であることの意味を明らかにしていく。そのためにふりかえりに基づき，保育者の保育の改善を目指して行われる保育カンファレンスを通して，保育者が自らの保育行為スタイルをどのように捉えているのかを明らかにしていく（第6章）。

以上を踏まえて，発生の三層モデルに基づき保育行為スタイルを分析した結果から，本研究が与える知見についてまとめる（終章）。

なお，本研究において，使用している名称は全て仮名である。

第4節　本研究の意義

本研究の意義は次の通りである。第一に，保育者は一定の保育行為スタイルを持ちつつ，現場では柔軟に対応できるという矛盾を説明することで，保育行為スタイル研究の発展に知見を与える。第二に，これまでの保育行為スタイル研究は，行動評価を行い，分類してきたため，それが固定的なものとして捉えられ，保育者としての専門性向上の停滞として忌避されてきていた。しかし，長い間保育者として働いてきている経験を単に「向上していない」「いつも通り」として，否定的に捉えるのではなく，なぜ「いつも通り」なのかを考えていき，その意味と捉えることで初めて，その後の保育者の専門性の向上に寄与するだろう。第三に，反省的実践家モデルの普及に伴い，カンファレンスなどでは反省し改善することが求められている。それは有益なことではあるが，一方で変わらないでいることが否定的な意味で捉えられるようになっている。これまでのカンファレンスなどでは捨象されてきた変わらないでいることの保育行為の意味を浮き彫りにできると考える。

保育者の保育における行為とその背後にある行為の意味，その関係性を保育行為スタイルという総体として捉えることは，行動レベルにおける技術的熟達としての保育者ではなく，また，価値観レベルにおける理想論的な保育者でもない，熟達した保育者として，保育者の専門性を浮かび上がらせることができる。そして，このような視点によって，今後の保育者の専門性の向上や研修に対して，一定の示唆を与えることができるだろう。

第５節　本研究における倫理的配慮

本研究は，日本保育学会倫理綱領，日本教育学会倫理綱領に則り，実践現場への観察及び保育者へのインタビューの実施にあたっては，本研究の目的を明確に説明するとともに，研究対象園の施設長，保育者，保護者の同意協力を得た上で実施した。本研究によって得られたデータについては，特定の園や保育者が同定されないように情報を保護し，分析を行った。その後，調査で得たデータの保管・管理については細心の注意を払った。

また，調査協力を得た対象園及び保育者に対しては，調査結果の概要等を報告するとともに，最終的な研究成果を講評するにあたっては，事前に了解を得るなど，人権の保護並びに法令等を遵守して実施した。

第1章　保育行為スタイル研究における概念整理

第1節　保育行為スタイルの定義をめぐる整理

本研究で取り扱う保育行為スタイルとは，どのようなものか。これを明確にするためには，保育行為スタイルに連なるこれまでの先行研究でどのように取り扱われてきているのかを追っていく必要がある。しかし，この研究領域はこれまで定義が曖昧になされたままで使用されてきているため，一様ではない。そこで本章では先行研究の概念整理を行う。

本研究において，保育行為スタイルという用語は，幼稚園教諭・保育士に対するティーチング・スタイル（Teaching style）の訳語として使用している。そこでまず，ティーチング・スタイルとはどのようなものであるのか。ティーチング・スタイル研究の先行研究から，その定義を見ていきたい（表1-1）。

ティーチング・スタイル研究は，1960年から70年代の教育心理学の流れの中で，教師の指導が生徒に与える影響を検討していく中で，実践をより豊かにするための基礎的なデータとして始まった。初期のティーチング・スタイル研究として中心的なBennet（1976）は，「指導方法（teaching methods）」のことをティーチング・スタイルと呼ぶと，指導方法とティーチング・スタイルを同一のものとして扱っている。

その他にも，Hayers（1989）が「指導における個々人のアプローチの特性に関するもの」とし，Pajak（2003）が「無意識で強力なパターンで，個々人で形成される。この無意識のパターンは，個人の内的心理的構造に影響し，周囲の状況や様子によって決定づけられる」としている。また，Mohann-na・Chambers・Wall（2008）が「学習者のフォーマル，インフォーマルな学

表 1-1　先行研究におけるティーチング・スタイルの定義

著者	出版年	対象	定義
Bennet	1976	小学校教師	…指導方法（ここではティーチング・スタイルと呼ぶ）である。
Hayers	1989	成人教育教師	ティーチング・スタイルという用語は，指導における個々人のアプローチ特性の捉えがたい質的に混在したものである。（略）この用語は新しいものではないが，明確な定義が欠けている概念である。
Louisell	1992	小学校教師	生徒へのアプローチに利用する教師の好みがティーチング・スタイルである。
Plank	2000	多文化教室の教師	教師の個性（teacher personalism）
Pajak	2003	教師全般	無意識で強力なパターンで，個々人で形成される。この無意識のパターンは，個人の内的心理的構造に影響し，周囲の状況や様子によって決定づけられる。
Mishra	2008	教師全般	個々の教師が自身の気性にあった指導の様式のこと。
Mohanna, et. al	2008	教師全般	学習者のフォーマル，インフォーマルな学習世界を開く教師の一連の態度や行動であり，学習者の学習やプロセスに大きく影響する力である。教師によって使用される教授活動の強い力のこと

習世界を開く教師の一連の態度や行動であり，学習者の学習やプロセスに大きく影響する力である。教師によって使用される教授活動の強い力のこと」としている。

それぞれの定義づけには，若干の違いがあるものの，個々の教師が無意識的に持っている教授行動のパターンであるといえよう。だが，その無意識なパターンには，教師の内的心理的構造や子ども，周囲の状況といったものが大きく影響を与えている。実際，Bennet（1976），もティーチング・スタイルには「現存する専門的知識」「勤務校の学習哲学」「個人の性格」「生徒のニーズ」といった要素が影響していることが述べられている。

これらのティーチング・スタイルの定義は，個々人の所有する特性として捉えられているものの，そこには個人の価値観や信念，社会的文脈が大きく影響していることを含まれたまま混同して使用されている。そのために，「Teacher style」（Mahoney・Wheeden, 1999）や，「Personal Teacher Theory」（梶田・後藤・吉田，1985）など，研究者によって類似の用語が産出されている。

このようなティーチング・スタイルの定義には，以下の曖昧性を有している。つまり，ティーチング・スタイルとは，個々人のパーソナリティであるのか，あるいは，指導方法であるのかという点である。

もしティーチング・スタイルが個々人のパーソナリティであるとすれば，それは個人差が大きく，容易に変更できないものとして推測される。また，指導方法であるとすれば，それは行動レベルにおいて改善したり，変更したりすることができるものであるといえよう。この点については，これまでの先行研究においては，明確にされず曖昧のまま，研究蓄積がなされていることに一つの課題がある。

次に，柔軟性をめぐる曖昧さである。特に小学校以上のティーチング・スタイル研究では，教師がティーチング・スタイルを学習者にあわせて，柔軟に変更すべきであるという主張が多い（Hayers, 1989; Mohannna・Chambers・Wall, 2008など）。だが，その研究の初期から，ティーチング・スタイルには，「現存する専門的知識」「勤務校の学習哲学」「個人の性格」「生徒のニーズ」といった様々な要素が複合的に影響して表出されているもの（Bennet, 1976）であり，柔軟に対応できるかどうかは，その個人によるとされる（スターンバーグ，2000）。

つまり，これまでのティーチング・スタイル研究には，個性か指導方法かという定義の曖昧さとスタイルが変更可能なものかそうではないかという柔軟性の曖昧さの二つの課題を内包している。

第２節　保育行為スタイルの分類に関する整理

第１節で述べた定義についての多くは，小学校以上の教師を対象としたものである。これらの先行研究では，ティーチング・スタイルを次のように分類している。

Bernet（1976）は871名の小学校教師に質問紙調査を行い，クラスター分析の結果，Type 1～12と12のティーチング・スタイルに分類した。さらに，これらのスタイルが，フォーマル―インフォーマルの軸で捉えられることから，「フォーマル」ティーチング・スタイル，「インフォーマル」ティーチング・スタイル，「混在型」ティーチング・スタイルの３つに分類している。

Hayers（1989）らは，成人教育における教師のティーチング・スタイルを評価するために，44項目から成る Principles of Adult Learning Scale（PALS）という尺度を用いて，ティーチング・スタイルを「学習者中心」「教師中心」の２つに分類している。

Plank（2000）は10人の小学校教師の観察から，「強教師重視」「中教師重視」「弱教師重視」と分類をしている。

Louisell（1989）もまた，34項目からなる質問紙で，教師のティーチング・スタイルを「伝統的」「折衷的」「オープン」型の３つに分類可能なことを現している。

Pajak（2003）は，「知識型（Knowing teachers）」「ケア型（Caring teachers）」「提案型（inventing teachers）」「示唆型（inspiring teachers）」の４種類に分類している。

Mohannna・Chambers・Wall（2008）は，これまでと比べてやや多く，24の質問紙（the Staffordshire Evaluation of Teaching Styles）に対して５段階評定で答えていくことで，最終的に６つのティーチング・スタイルに分かれることを示した。ここでのティーチング・スタイルは，柔軟性の高い「適応型教師」，生徒中心の「理解型教師」，フォーマルな「カリキュラム型教師」，事実を重視する「真面目型教師」，大人数向けの「講演型教師」，ていねいな「ワン―オフ型教師」である。これらはヘキサゴンで数値的に表され，最も高い点のティーチング・スタイルとなる。

以上のように，これまでの小学校以上の教師を対象としたティーチング・スタイルの分類では，１）そのほとんどが質問紙によって分類されていること，２）分類の軸として「生徒中心」か「教師中心」かが大きな意味を持っていることが明らかとなった。

次節では，このような小学校以上の教師の先行研究の知見を踏まえながら，保育の文脈におけるスタイル研究をどのように適用するのかをみていく。

第３節　保育行為スタイルの適用

第１節でみてきたように，これまでティーチング・スタイル研究として小学校以上で蓄積されてきた研究は，幼稚園教諭や保育士に対しても当てはめられて研究がなされてきている。それらの検討は序章で行っているが，ここでは，なぜティーチング・スタイル研究から保育行為スタイル研究へと展開したのかをみておく。

幼稚園教諭や保育士，あるいは子育て中の母親に対するティーチング・スタイル研究は，保育者と母親の比較を行ったもの（渡辺，1979；渡辺，1981）や個々の保育者の保育行為の差異を指し示す「個人レベルの指導論」という用語を使って分析したものがある（例えば，梶田・後藤・吉田，1985；関口・橋本・後藤・常田・二階堂，1985；堀，1997）。

これらの知見は，保育者が行う保育行為には多様な幅があることと同時に，どのような保育行為を保育者が行うかについては，個々人によって違いがあることを示している。この保育者個々人の保育行為の差異を指し示すために「事例への対応」「指導方法」「個人レベルの指導論」「保育指導」「ティーチング・スタイル」といった様々な用語が用いられている。

本研究では，これらの用語の統一として「保育行為スタイル」を用いる。なぜなら，ティーチングとは，「指導」であり，保育の現場にはなじみにくい用語である。また，保育者が行う行為として，「援助」も上げられるが，これは幼児理解や環境構成までも含めた幅広い概念として捉えられる。よって，本研究では，teaching style の訳語として「保育行為スタイル」として統一的に用いていく。

また，前節での整理から，本研究における保育行為スタイルとは，保育者による保育行為の偏りとして捉えるが，そこに保育者の価値観が影響しているということを含めて取り扱う。つまり，保育行為スタイルとは，保育者の価値観を背景として形成される一連の保育行為の偏りと定義して用いている。

なお，ここで使用する保育行為スタイルという用語は，保育士（ここでは保育所に勤務する保育士）及び幼稚園教諭の両方を含むものとなっている。幼稚園教諭は，学校教育法第22条に基づき，幼児の健やかな成長のために適当な環境を与えて，その心身の発達を助長することを目的とした幼稚園において，幼児の保育をつかさどるもの（学校教育法第27条）であり，保育所保育士は，児童福祉法第39条に基づき，保育を必要とする乳児・幼児を日々保護者の下から通わせて保育を行うことを目的とする施設において，児童の保育及び児童の保護者に対する保育に関する指導を行うもの（児童福祉法第18条）である。その意味において，両者の役割は極めて近接しているものの，必ずしも同じものではない。しかし，本研究で対象としているのは３歳児から５歳児を保育する幼稚園教諭及び保育士であり，幼児に対して保育を行うという点において，保育の専門性が高く求められるものである。従ってここでは保育行為スタイルは，保育所保育士及び幼稚園教諭の両者に存在するものとして取り扱っている。

第４節　これまでの保育行為スタイル研究の限界

これまでのティーチング・スタイルに関する研究は，１）ティーチング・スタイルが個人の特性と技術としての指導方法という２つの間で定義が異なっていること，２）ティーチング・スタイルが変更可能なものか不可能なものかという柔軟性に対して研究者によって異なっていることという課題があげられた。

これらの小学校以上の教師を対象としたティーチング・スタイルに関する研究が持つ曖昧さは，保育者を対象とした保育行為スタイルの研究にもあてはまる。つまり，これまでの保育行為スタイルやティーチング・スタイルの概念の課題は，パーソナリティとしての価値観と取り替え可能な指導方法という２つのレベルで混在したまま取り扱われていることにある。

ティーチング・スタイル研究の行為を対象とした研究では，行為の分類が細分化に向かってしまうこと，分類のみにとどまるといった限界が考えられる。また，これまでティーチング・スタイルには個々人の価値観や社会的文脈といった多様な影響要因があることが述べられているにもかかわらず，それらを整理して捉えることができていない。それは，ティーチング・スタイルが個人内部で生起しているものであると同時に，社会的な状況や文脈に大きく影響されるものでもあるからであろう。したがって，ティーチング・スタイルを単に行動からの視点で分類するのではなく，なぜそのような行為を選択したのか，そこにはどのような価値観や社会的文脈などの要素が影響しているのかを含めたプロセスとして捉えていくことが必要になる。そのために，本研究では，ヴァルシナー（2013）の提示する「発生の三層モデル（Three Layers Model of Genesis）」を用いるが，この理論と本研究で採用している方法論について次章で述べる。

第2章　理論及び研究方法論

第1節　本研究の依拠する理論

第1項　本理論に基づく理由

本章では，本研究の主題である保育者の保育行為を裏付けている行為の意味を捉え，保育者の保育行為が固定的であることの意味を明らかにするために，どのような理論に依拠し，どのような研究方法論を用いるのかについて述べていく。

前述したが，これまでの研究では，小川・山本・間宮・小笠原・見村・沢田・鏑木・鈴木・望月・福島・池田・赤石・圓山（1978）や田中・渡邊（1988），芦田（1992）が明らかにしてきたように，観察者によって観察可能な保育者の保育行為を捉えていくものがあり，また，藤崎（1985；1986）のように，保育者が所有する価値観にどのようなものがあるのかを明らかにしてきている。その保育行為と価値観の関係を捉えようとしたものとして，計量的アプローチを行った森・大元・西田・植田（1985）や，インタビューを行っている藤崎（1987），中井・川下（2003）があげられる。

例えば，中井・松良（2005）は保育観察を行い，そこでの保育行為を7つのカテゴリーに分類した後に，保育者へのインタビューから，保育者が自らの価値観を意識しながらそれらの行為を行っていることを明らかにしている。

これらの研究において保育者の持つ価値観が保育行為と結び付いていることは明らかとなっている。しかし，ではなぜこれが偏りを生じさせているのか，自身の価値観とはあわない行為をなぜ行っているのかについては十分に説明できていない。この点について，保育行為と価値観との関係性を考えていく上での課題となっている。

この理由として，保育者の価値観と保育行為とを直線的に捉えていることに課題があるのではないだろうか。従来の研究では，計量的アプローチにしろ，質的アプローチにしろ，保育行為と価値観とを２つわけ，その中の要素の相関で捉えようとしてきた。例えば，保育行為Ａが多い保育者は価値観Ａを持っている，保育行為Ｂを行うことで，保育者は自身の価値観Ｂを目指しているという形である。これには一定の相関は認められつつも，一方で，自身の価値観にそぐわない保育行為をなぜ行うのかということには答えることができない。そこで本研究では，保育者の価値観と保育行為とが端的に結び付くものではなく，そこに何らかの媒介するものが存在しているのではないか。行為の意味を捉えるために，藤崎（1987）や中井・松良（2005）が行った保育者の保育行為に対して，インタビューを行うだけではなく，それらを統合的に捉えていくための理論的枠組みが必要になる。

そこで本研究における主題である保育者の保育行為を裏付けている行為の意味を捉えること，保育者の保育行為が固定的であることの意味を明らかにしていくための理論的枠組みとして，ヤーン・ヴァルシナー（Jaan Valsiner）の提唱する文化心理学の理論に依拠する。

これまでみてきたとおり，先行研究の多くは，保育者の行為を尺度によって測定していくことで保育行為を捉えるか，インタビューやアンケート調査によって保育者の価値観を表そうとしたものが多い。しかし，本研究では，そのような行為を裏付けている行為の意味に迫り価値観と保育行為との関係を明らかにするために，従来の計量的アプローチではなく，また，単に保育者の保育行為を一つの事例として取り扱うのでもない異なる視点をとる。そこで，個人の主体的な行動を記号という概念を用いることで，個々人の行為を社会的文脈と個人の価値観とを統合しながら，時間的プロセスの中に定位しようとしたヴァルシナーの理論を依拠することとした。また，同時に，ヴァルシナーの文化心理学の理論は，サトウタツヤとの共著によって，複線径路・等至性モデル[1]として，質的研究方法論として確立していった（Valsiner & Sato, 2006；サトウ，2009）。

以上のことから，本研究では，保育行為スタイルを捉えていく理論として，ヴァルシナーの述べる文化心理学の理論，特に発生の三層モデル（Three layers model of genesis）を採用し，その理論に基づき，保育者の保育行為と語りから分析していくための方法論として，TEM を用いる。

以下，本章では，ヴァルシナーの述べる新しい文化心理学の理論，特に発生の三層モデルや内化／外化プロセスとはどのようなものであるのか，また，その理論に則った質的研究方法論である TEM とはどのようなものか，これらの理論を保育の文脈において，どのように捉え，用いることが可能なのかをみていく。

第2項　ヴァルシナーの文化心理学

ヴァルシナーの述べる新しい文化心理学（Cultural Psychology）の理論は，極めて難解ではあるが，現在の実験中心的な心理学が人間を外界から「閉じた個体」として見なし，一般法則化を目指していることに対して，人間を外界に「開いた個体」として扱うことで，人間が主体的に世界を生きることの意味を記述しようとするものである。

彼はこのことを「文化が人に属する」という表現を用いて説明している。ここで述べる文化とは，日常を取り巻く情報の総体であり，従来の心理学における刺激とは異なり，それは全ての人に伝達されることを前提としていないことである。同じ日常の中でも，人が異なればその読み解きは異なるのである。彼の言葉を借りれば「人間の経験を，文化的に組織化され絶え間なく

---

1 TEM は，本研究調査時において，複線径路・等至性モデルという名称であったが，2013年頃から，分析方法の単なる一モデルではなく，対象に迫る観点であるという理由から，複線径路・等至性アプローチ（TEA）という名称が用いられるようになっている。

個人的に再創造される主観的な現実と見なす」(p. viii)[2] ことであり，「レフ・ヴィゴツキーとアレクサンダー・ルリアの文化的歴史的伝統」にあり，「チャールズ・S・パースの記号論とカール・ビューラーの意味論を基礎とする記号論的心理学の一バージョン」(p. vii) である。

第3項　発生の三層モデル

このような立場に立脚し，ヴァルシナーは個人と社会との関係を微視発生，中間発生，個体発生という三層を用いる枠組みを提唱している。ここでは，後述する TEM 理論と語句を統一するために，最上層：価値観のレベル，中間層：記号のレベル，最下層：行為のレベル（図 2-1）という用語を用いる。

その時々の直接的な人間の経験が，本モデルでは最下層の行為のレベルである。図 2-1 では，左から右に流れる非可逆的時間の中で，様々に行為している。この日常行為のレベルでは，多様な情報があり，一つとして同じもの

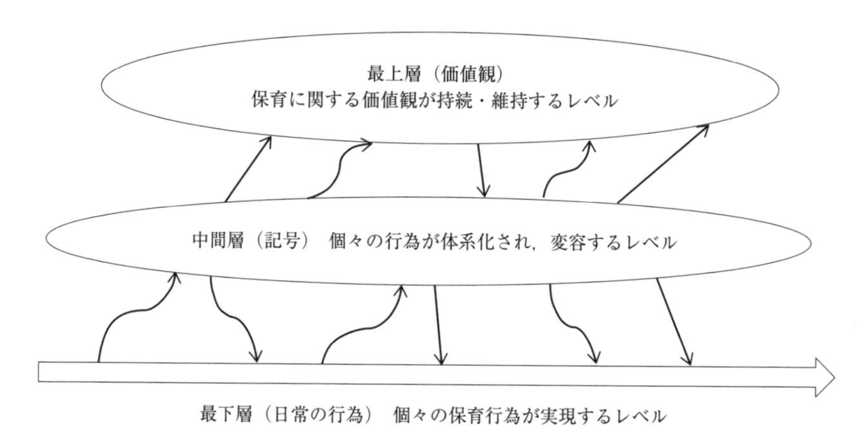

図 2-1　発生の三層モデル（サトウ（2009）を上田が保育者用に改変）

2 本章において，特に断りのない限り引用は，ヴァルシナー（2013）の書であり，（　）は引用頁を表している。

はないのであるが，では，それらの膨大な情報を常に精査しながら生活しているかと言えばそうではない。その情報を体系化し，安定性を作り出していくのが，中間層の記号のレベルである。中間層は，「比較的繰り返される一定のやり方の活動枠組み，あるいは場面からなる。それゆえ，祈りや，学校やバーに行くこと，シャワーを浴びたり，風呂に入ったりするといったような，一定のやり方の活動の文脈はすべて行為の繰り返し的な枠組みであり，そのような経験形態の可能な範囲を設定することによって，主観的な経験を水路づける」（pp. 369-370）ものである。

最後に，中間層で選択され体系化されたものは，「相対的に安定した意味構造に変容され，そのライフコースの中でその人をガイドする」（p. 370）のである。

例えば，毎朝の洗顔を考えてみよう。毎朝の洗顔は，時空的な意味では，一つとして同じ洗顔であることはない。今日の洗顔と明日の洗顔とは異なるといえるだろう。しかし，その一つ一つの違いに対して，人は常に何かを考えたり，振り返ったりしたりはしない。それらは毎朝，無意識的に行われているのである。いわば，中間層のレベルでいえば，朝起きて顔を洗うという記号であり，これ自体は体系化され，安定している。この中間層の安定性は，当事者の最上層において，朝は顔を洗うもの，という価値観に変容し，逆に，朝，洗顔しないと何となく気持ち悪いということにつながっていく。

では，冬になり，洗顔するときに水が冷たい場合を考えてみる。この場合では，水が冷たく洗顔できないという最下層の行為があり，それは中間層に対して，従来とは異なるフィードバックを行い，「顔を洗いたい」という思いと「冷たくて洗いたくない」という葛藤状況から，「お湯を出して顔を洗う」「水をちょっとだけつけてすぐに洗顔を終わる」といった対処を生み出していく。しかし，朝，顔を洗うものという最上層の価値観に対しては変容を促さないであろう。

従って，ヴァルシナーはこの中間層への焦点化が重要であるとともに，最上層や最下層とは異なるレベルで進行するプロセスである，と述べる（p. 374）。

このように，文化の相対としての日常の行為から，人がどのようにそれをとらえ，統合していくのかを論じているのが発生の三層モデルである。次に，この層から層へどのような情報が転移し交換されているのかについて，内化と外化というシステムを用いて説明しているので，次項で論じる。

第 4 項　内化／外化プロセス

第 2 項において，最下層の様々な情報を中間層では体系化し，安定性を図っていると述べたが，このプロセスは内化／外化のシステムによって行われる。内化／外化システムは，「社会的メッセージの過剰な複雑性への緩衝材」（p. 420）である。

前項でも述べたように，最下層で起こる全ての現象を人は処理しているのではなく，適切な物を選んで統合している。これが内化プロセスである。内化とは，「外的に存在する記号的素材を分析し，内的な心理的領域において新奇なかたちで統合するプロセス」（p. 420）のことである。

一方で，外化プロセスとは，「ある人の心理−内的に存在する（主観的な）個人的−文化的素材を内側から外側へと置換しながら分析し，これらの素材の新しい統合形態として外的な環境を変更するプロセス」（p. 420）である。

この内化／外化プロセスと発生の三層モデルを統合して示した物が，図 2-2 である。

図 2-2 の左は，内化プロセス（図中 A の矢印）である。人は外部の様々な情報から何らかの情報を拾い上げていく。それが最下層のレベルである。得られた情報は中間層において，抽象化・一般化されていくが，それはいわば知識としての一般化であり，必ずしも個人のものとはなっていない。その中で，最上層へとつながるものが，主観的な価値観として統合されていく。

一方，そのような価値観を踏まえて，基本的には外的環境へと行為を表出

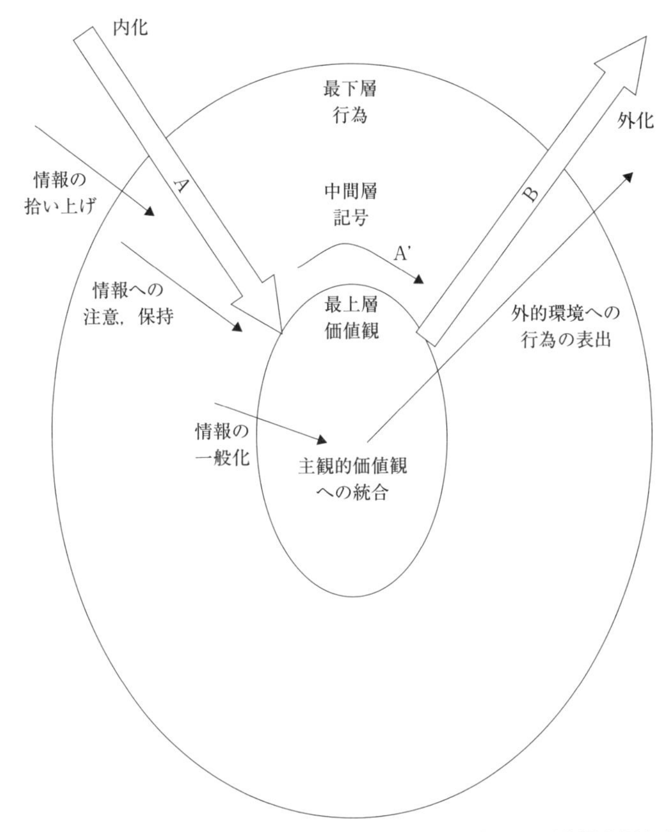

図 2-2　内化／外化の層モデル（ヴァルシナー，2013を上田が本研究用に修正）

していくのが外化プロセス（図中Bの矢印）である。しかし，このプロセスはすべてが価値観に基づき表出されるわけではない。例えば，自身の価値観とはそぐわないけれど，嫌々ながらでも行わなければならないこともあるだろう。そのような時は，図のような価値観からの矢印ではなく，中間層を経由したものとなる（図中のA'）だろう。

以上がヴァルシナーの述べる内化／外化プロセスである。

このようなヴァルシナーの基本的な概念を踏まえて，質的研究方法論として昇華していったのが，複線径路・等至性モデル（Trajectory Equifinality Model：以下，TEM）である。

第2節　研究方法論としての複線径路・等至性モデル

TEMとは，人間を開放システムとして捉え，時間を捨象し外在的に扱うことをせず，個人に経験された時間の流れを重視する質的研究方法論である。人が外界と様々に相互作用しながら，その時々で選択を行い，多様な径路を辿る。これを非可逆的時間軸にそってモデル化するものである。

TEMで用いられる概念を表2-1にまとめる。

表2-1で用いられるような概念を用いることで，人が非可逆的時間の中で，どのような径路を辿り，どのような分岐点があり，そこでどのような圧力や

表2-1　TEMで使用される概念

用語	意味
複線径路 Trajectory	発達の径路の多重性を示すために用いられる概念
等至点 Equifinality	ある時間軸における何らかの到達点。人にとっての最終的な到達点は死となる。
両極化した等至点 Polarized Equifinality	等至点と対局にある等至点のこと
分岐点 Bifurcation Point	ある経験において，実現可能な複数の径路がある状態
必須通過点 Obligatory Passage Point	多くの人が経験する制度的慣習的な出来事
社会的方向付け Social Direction	特定の選択肢を選ぶように仕向けるような環境要因，文化的社会的圧力
社会的ガイド Social Guide	特定の選択肢を選ぶように仕向けるような環境要因，文化社会的援助
非可逆的時間 Irreversible Time	非可逆的な時間の流れのこと。TEMでは時計で計れる物理時間ではなく，質的に持続していることのみを表す

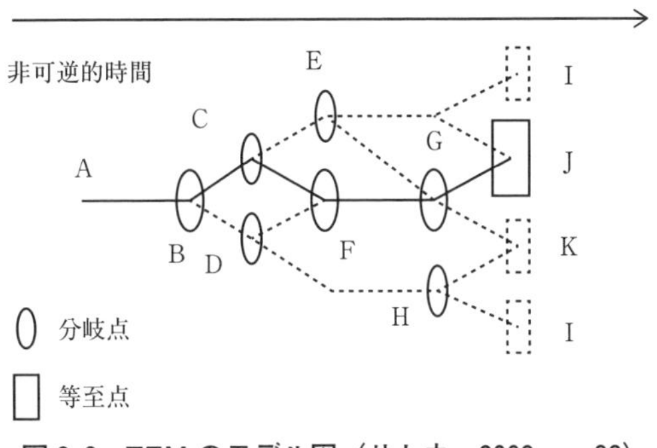

図 2-3　TEM のモデル図（サトウ，2009，p. 93）

援助の力が働いているのかを図として表すことができるのである（図 2-3）。

このような TLMG とそれを図式化する TEM が特に文化との関係で持つ特徴をサトウは以下のように述べている（サトウ，2009）。

> 記号が機能するそのプロセスを一般的なメカニズムと想定することによって普遍的知識を蓄積していくのが文化心理学なのである。記号の機能するプロセスとは，記号論的な媒介（semiotic mediation）のことを言う。
>
> （略）発生の三層モデル（TLMG）における促進的記号（プロモーター・サイン）が作動して，個人が行為をオーガナイズしていく（体系化して統合化していく）ようなことである（サトウ，2009，pp. 189-190）。

以上のように，TLMG は人間を開放システムとして，行為ー記号ー価値観という 3 層で捉えており，TEM はその理論に基づき，人間の行為選択を描き出すための方法論である。

繰り返しになるが，これらの理論を用いることで，保育者の行為と価値観との関係を捉えていくことが出来るため，本研究では依拠することとした。

次に，この理論をどのように保育の文脈の中で用いることができるのかを述べていく。

第3節　保育の文脈における適用

上述したモデルに基づき，保育者が日々の保育行為を選択するプロセスを考えると，以下のように捉えることができる（図2-1）。まず，最下層としては，日々生起する幼児の活動やいざこざ，それに対する保育者のアクションといった，日常的な保育行為として捉えることができる。次に中間層は記号発生のレベルであり，日常の様々な幼児の様子，いざこざの状況から，保育者は必要な情報を取捨選択し，そこで体系化された記号が保育者自身の価値観と結び付き，それが再び行為へと戻っていく。最上層は価値観のレベルであり，保育者は目の前の幼児がどのように育ってほしいのか，また，幼児にとっていざこざはどういう意味を持つものなのかを価値観として形成し所有しているものとして捉えていく。

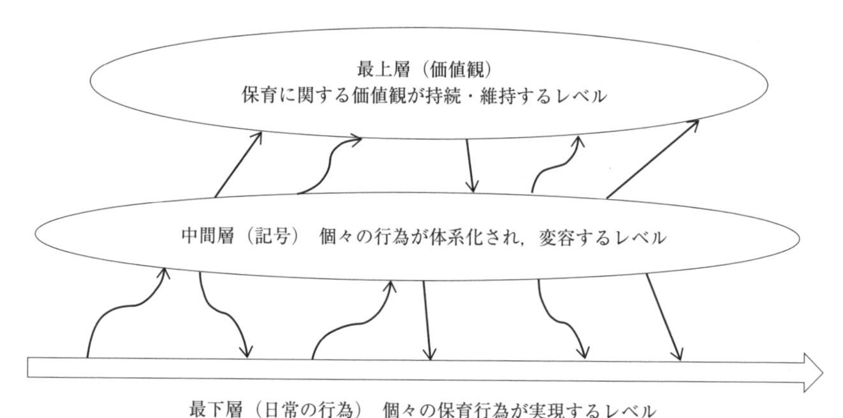

図2-1　保育の文脈における発生の三層モデル（再掲）

第３章　保育行為スタイルの特徴

第１節　本章の目的

第１章では，先行研究における保育行為スタイルの概要を押さえた上で課題を明らかにし，第２章ではその課題を捉えるために依拠する理論と方法論について述べた。そこで本章では，ある保育行為スタイルの保育者が，実際にどのような場面でどのように行為しているのかを明らかにしていく。そのためには，以下の２つの目的からその特徴を浮かび上がらせることとした。

問い１：保育者の保育行為スタイルによって，幼児とかかわる際にどのような行為の違いが現れているのか

問い２：対立的と考えられる指導的保育行為スタイルと応答的保育行為スタイルとを対象として，同じような場面で，どのようなかかわりの差異が現れ，また，それはどのような保育者の価値観と結びついているのか

保育行為スタイルについては，園や担当クラスといった諸要因が大きく影響している。そこで，本研究では，園環境や地域，担当している年齢の違いなどを可能な限り小さくするために，５歳児を担当としている保育者を対象とした。

問い１に対しては，愛知県Ｏ市に勤務する公立保育所の５歳児クラス担当の保育士に協力を依頼した。調査対象は，７名である。また，保育行為スタイルは，一定の年数以上の保育経験と関連していると考えられるため

(Kruif・McWilliam・Ridley・Waley, 2000；上田，2008)，本研究では保育経験10年以上の保育者のみを対象とし，研究協力を依頼した。調査期間は，2011年11月から2012年11月まである。

問い２に対しては，高知県内の公立幼稚園に勤務する５歳児クラス担当の幼稚園教諭２名に協力を依頼した。２名の幼稚園教諭に対する調査期間は，2005年９月から2006年３月までである。

以下，それぞれ詳細に検討する。

第２節　保育行為スタイルの分類とかかわりの諸相

第１項　方法

１）研究協力者について

本研究で協力を依頼した保育士７名については，表3-1の通りである。男性１名，女性６名となっており，35歳から55歳までの現役保育士である。全員，保育経験年数は10年以上である。

依頼については，園長への依頼・承諾を得た後，園長から個別の保育士に依頼状を渡し，研究協力についての承諾を得た。

表3-1　対象者の基礎情報（年）

	保育士	性別	年齢	保育歴	現園勤務歴
1	A	男	37	11	6
2	B	女	37	13	8
3	C	女	35	15	4
4	D	女	52	32	4
5	E	女	55	34	9
6	F	女	44	24	4
7	G	女	35	13	9

なお，本章における研究協力者の人数について注記しておく。質的研究では，対象者の数は多いければよいというものではない。あまり数が多くなりすぎても，分析の煩雑さや時間的に非効率であるにもかかわらず，新しい概念やカテゴリーは生成されにくい（豊田・秋田・吉田・無藤，2011）。そこで本研究では，分析対象数を7名とした。これは，TEMの「1・4・9の法則」に準拠したためである。1・4・9の法則とは，個人の径路の深みをさぐるためには，対象数が1人，経験の多様性を描くためには4人±1，径路の類型を把握するためには，9人±2というものである（安田・サトウ，2012）。本研究は，保育行為の多様な径路と価値観との関係性とを捉え，それを保育行為スタイルとして，一定程度，類型化していくために7名とした。

2）調査方法について

研究協力を依頼し承諾を得た保育士7名に対して，任意の日程で，協力者の園へ筆者が1～2回観察に行き，ビデオカメラで映像を録画した。後日，可能な限り早い段階で（1週間以内程度），録画した映像を，協力者と共に視聴し，それぞれの場面ごとにその状況やその時々の声かけや保育行為の理由について，半構造化インタビューを行った（各自60-90分程度）。

半構造化インタビューでの調査項目については，表3-2の通りである。

表3-2　インタビュー項目

インタビュイー情報	保育経験年数
	現在の園での経験年数
	協力者の年代
	所有免許・資格
インタビュー項目	現在の保育で心がけていること，大事にしていること
	現在の保育で難しさを感じていること
	任意の7-9保育場面に対する保育者としての意図や思い
	クラスの子どもたちへの成長の期待

3）分類方法について

保育行為スタイルを同定するために，7名の保育士に対するインタビューの語りから，実際に幼児とかかわったことを現す動詞を拾い上げ分類した(表3-3)。

第1章で明らかにしてきたように，保育行為スタイルの分類については，これまでの研究者によって大きく異なっている。ここでは，上田（2008）を参考とした。上田（2008）では，若年層の反応的スタイルとベテラン層の3つの合計4つのスタイルが提示されている。本章では，若年層を含まないため，保育行為スタイルを指導的・集団的・応答的の3つのスタイルと分類した。

その結果，保育士Ａ・Ｂを指導的保育行為スタイル，保育士Ｃ・Ｄを集団的保育行為スタイル，保育士Ｅ・Ｆ・Ｇを応答的保育行為スタイルの保育者

表3-3　インタビュー例

NO	発話者	発話内容
95	C保育士	フォローになってないんですよね，あのさっきの女の子。何だったかな…。その，多分，言葉で言えばいいことを，言葉で言わずに，態度で示しちゃったことで，その女の子が，厭な思いをしたという感じだったのかな…。彼はポーンと手が出やすいタイプの子で，カッと血が上ったりすると，っていうところはあるけど随分落ち着いてきて，ちょっと冷静に話が聞けるとか，改めて問い掛ければ，「ああ，そうだった」と思えるようになってきたところがあるので。
96	調査者	これは例えば，喧嘩の関わりのときに，こういう思いを伝え，出し合って，「御免なさい」，「良いよ」というかたちだと，ときどきそんなに「御免」と思ってなかったり，許すつもりはなかったのに，「御免」，「良いよ」で終わっちゃうことがあるじゃないですか，ああいうときはどうされるんですか？
97	C保育士	「何で，謝りたくないのか」とか，そういう思いを「どうして？」って問うときがあります。素直に言えない子に「何で？」，「どうして？」って。そうすると，その子の思いを一応は言うんだけど，その思いが理に敵ってるかというとそれは置いといて，その子の思いっていうのをまず汲み取ってあげた上で，「でもやっぱりそれってね」っていう働きかけをすることもあるかな。で，「謝ればそれで良しだろ」

		という態度を示す子には，「そうじゃないよね」って。「謝り方だって，気持ちを込めて謝らないと，相手には伝わらないからお友達の目を見てちゃんと『御免ね』という気持ちで言わないと，お友達だって『良いよ』っていう気持ちになれないよ」って，という問い掛けだけはしたりします。
99	調査者	片付けの場面ですね。
100	C保育士	そうですね。
101	調査者	一つは，さっきの指示の仕方が上手だなって思いながら観てたんですけど。
102	C保育士	あんまり，基本的に大きな声を出して，子どもに「あれしなさい，これしなさい」って言わずに，子ども達が耳を向け，目を向けっていうことができるようになってほしいなっていう意図から，色々自分なりに工夫して，働きかけてっていうかね。促している部分はあるので，こういう部分は，セイシにする部分はあんまり使ってるっていう風でもないけど，たまたまそのとき，ふっと思って，「あ，見てない子がいるな」と思ったから，ちょっと私の方に背を向けさせるために，「ちょっと今からね」ってことで，ちょっと自分の中にちょっと突発的に思った。
103	調査者	よく使うっていうよりかは，たまたまみたいな感じですね。
104	C保育士	そうですね。
105	調査者	他にはどういう工夫がありますかね？　子ども達の，惹き付ける…。
106	C保育士	惹き付ける方法ですか？　一応，子ども達には，先生が前に立ったら，何かお話をするということだから，ちゃんと話をしようとしている人の方を向いて静かに座るよと問いかけているんです。なので，今は朝の会を始めるときは，私がサッと立ったら下手に何も口は出さずに，じっと見つめ，周りの子が「ほら，先生が前向いてるよ」と声を掛け合うように。「あっ，みんな揃ったね」ということをしたりとか，後はそうですね，誰か見本になるような子を前に立ってもらって，「じゃあ，今から何々君に」とか言って。「今からやることを見本でやってもらうから，みんな見とってね」と言って。「じゃあ，みんなも真似をしてやってみよう」とか。ほんとに結構思い立って色々やるタイプなので。
107	調査者	なるほど。片付けが始まって，あんまり遊んでるような子が。これはやっぱり，ずっと遊んでる子は声を掛けられているんですね。
108	C保育士	そうですね。いつも声掛けられる子は，だいたい決まってきたりするパターンが多いので，そういう子の動きを見守りながら，「ああ，やっぱり片付けられてないな」と思ったら，個別に，促すように。

表 3-4 保育士の語りから導き出される保育行為スタイル分類

保育行為スタイル	語りから導き出された動詞	A	B	C	D	E	F	G
共通	共感する・ほめる	○	○	○	○	○	○	○
	問いかける	○	○	○			○	○
指導的	確認する	○	○				○	
	発言を制止する	○	○					
	ルールを守るように言う	○						
	一緒に行く		○					
	無視する	○						
	距離を取る	○						
指導・集団共通	代理で謝る		○	○				
	行動を誘導する				○			
	状況を尋ねる	○		○				
集団的	自分の意見を言うように言う				○			
	教える			○	○			
	相談して決めてもらう				○			
	イメージを持てるように言う			○	○			
	全体を見る				○			
集団・応答共通	見守る			○	○	○	○	○
	他の子がかかわるように言う			○		○	○	○
応答的	順番に話を聞く					○		
	みんなで共有する					○	○	○
	再度確認する						○	○
	再度考えるように言う							○
	抱っこする							○
	遊びを盛り上げる							○

とした（表3-4）。

なお，ここで注意しておきたいのは，ここで保育行為スタイルとして分類しているのは，集団活動場面において必ずそのようにかかわる，というものではない。保育行為スタイルは確かに保育者のかかわりの特性として存在しているが，それはあくまでも偏りによって表出するものである。指導的保育行為スタイルの保育者が常に介入ばかりするのではないし，応答的保育行為スタイルの保育者は常に全くかかわらない，ということを意味しているのではない。状況や社会的文脈に応じて，特に熟達した保育者は，柔軟に対応できるのである。

以上のような分析の結果，7名の保育士の保育行為スタイルが3つに分類された。次項から，それぞれの保育行為スタイルの具体的な場面でのかかわりの特徴についてみていく。

第2項　指導的保育行為スタイル

指導的保育行為スタイルであったのは，A・B保育士である。A保育士は，保育歴11年目，B保育士は13年目である。指導的保育行為スタイルの保育士は，「確認する」「発言する」「制止する」といった指導・介入的なかかわりを行っている。例えば，いざこざ場面と集団活動場面における例である。

〈いざこざ場面において〉

A保育士

事例1：みんなで描いたお化け屋敷の絵をお集まりの時間でみんなにみせるA先生。「くわがたチームが描いてくれました…」といっていたときに，席を立ちあるいていたS君に，絵を見ようと立ち上がったR君がぶつかる。先生はS君に「こっちもって」と絵の端を持つように促すが，S君はその紙を叩いて部屋の後ろに行く…。

語り1：このいざこざは，R君がS君にぶつかったんです…（略）…私もそこで解決まで至るべきだったんですが。ちょっとぶつかったぐらいかなと思っていたから，S君が（そういう感情を）ひきずるタイプだとは分かっていたんですが…（略）…，私もその場を離れられないので，（時間がたってしまった)。…（略）…（他の子に）どうしたんだろうね，って何人かに声をかけたら，私が言ってあげるってTちゃんが言ってくれたんだと思います。

A保育士は，基本的にはいざこざに対しては保育士の介入が必要であると考えている。そのために，どのような状態でいざこざが起こったのかを把握することが必要であると考えている。だが，様々な状況で介入の失敗をしてしまい，いざこざが長期化することなどから，他児の解決的関与を促し，幼児間解決を目指すことがある。A保育士はいざこざに対して介入が必要であると考えているが，解決方略の中には，他児との関係性も考慮しながら，集団的に解決していこうとしている点で，集団志向も好んでいる。

B保育士

事例２：男児XとY，Zとのいざこざ。Xが不満そうな顔をしている。それをみたB保育士は，Y，Zの所に行き声をかける。子ども達から「もう解決した」と聞き，Xに大丈夫か声をかけ「じゃあ見ておくね」と少し離れる。

語り２：（この場面で）喧嘩の仲裁に行ったのは，けんかをしている子が手が出ちゃう。未だに私の知らない間にパンチがでたとかそういうことがあるので，こっちをちょっと早く解決しておけば，遊びがあとあとひきづらないな…（と思った)。

B保育士の語りは，男児のいざこざに対するものである。B保育士は基本的にどのようないざこざに対しても早期解決を求めているが，特にこの語りで語られている幼児は，いざこざが身体的攻撃を伴い，かつ長期化する傾向にあるため，早期介入が必要であると述べている。また，それは幼児が否定的な感情をひきずり，次の活動へ影響を受けることにも起因している。周囲の幼児に対しては，積極的にかかわってこないし，自分自身もそれを求めているわけではないので，幼児間の解決より保育士による解決を優先させている。B保育士はいざこざに対して，常に保育士が率先して介入していくスタイルであった。

〈集団活動場面において〉

A保育士

ここではプールにおいて集団ゲームになじめない幼児に対して，ルールを守ることを伝えている保育士の姿がある。

事例3：夏のプールに入る前。先生は，幼児を集め，準備運動を行った後，園庭で手つなぎ鬼を行う。その中で，S君が鬼をしたくない，という。先生はそこに近寄り話しかける。

語り3：（A保育士）そうですね。ちょっと調整，人と力を調整することを覚えてほしいなと思って，2人組で何かをするっていうのをちょこちょこ，ここんところやってるんですけど。（略）さわられたら鬼をしなきゃいけないっていうことが，自分の中で葛藤してたと思うんです。（略）みんなにもこういうルールだよというのを，ルールは守らなきゃねっていう話だけをして…。

ここでA保育士のように指導的保育スタイルの保育士は，担当する幼児が集団活動としてのゲームを経験していく中で，相互に身体的な調整能力を身につけていくことで，一つの集団としてまとまっていくことを志向している。そのために，個々の幼児が集団に適応できるように，積極的に声かけをしたり，かかわったりしていくのである。

このように，指導的保育スタイルの保育士は，自身の持つ教育的意図を積極的に幼児に経験してほしいという期待から，指導的なかかわりを行っているといえよう。

第3項　集団的保育行為スタイル

次に集団的保育行為スタイルである。保育士は，Ｃ・Ｄ保育士である。同じようにいざこざ場面の集団活動場面における具体的なかかわりである。

〈いざこざ場面において〉

Ｃ保育士

事例４：園庭での外遊び中。男児が泣いており，その周りに園児が集まっている。そこへ実習生が関わっている。Ｃ保育士がその場へ行き，それぞれから話を聞いている。「Ｏ君の手があたったんだね」「Ｐ君は，ここにぎゅっとされたのがいやだったんだよね」と状況を整理している。最終的にごめんねと言い合うことでその場は終わった。

語り４：ここで，（いざこざが）解決できなさそうだなと思ったので，ちょっと聞きに入ったんですけど。…（略）…担任以外の保育者だと頑なに口を閉ざそうとしたりとか，強気になるので，私が声をかけた方がいいかなと思って。

語り５：（上記とは異なるいざこざ場面に対して）Ｕ君がＶ君に強く言われた風でした。…（略）…クラスのみんなに「こういうことになってしまったんだけれど，みんなはどう思うだろう」と話をする機会を設けたり，確認しあう場を作ったりとかを繰り返してきた（ので，他の子がいざこざに関わってくるようになっている）。

Ｃ保育士はいざこざに対して，保育士が介入すべきか，幼児間で解決すべきか，当事者間で解決すべきかという解決の仕方を状況に合わせて変えている。幼児が自分たちで解決できない状態の場合は，保育士介入型の解決を目指し，可能そうであれば，他児の介入を促して幼児間の解決を図っている。しかし，いざこざの当事者ではない他児の関与が期待できない場合や問題があると考える時には，当事者間での解決を目指している。

〈集団活動場面において〉

C保育士

集団活動場面におけるC保育士の事例である。ここでは運動会のリレー練習の場面を取り上げた。

事例５：運動会が近いため，園庭でリレーの練習を行っている。リレーでは２つのグループに分かれて，競争していた。

語り６：このときは走る順番は，まだちゃんと決まってなくて，その都度その都度子どもが走りたい順番で走っているという風で，で，今週の頭に走る順番は，子ども達にグループ毎で相談して決めて，今はちょっと固定してやっているんですけれども，それまではいろんな順番でやってみて，っていうので順番は子どもに任せてやっているという状態ですね。

このように，事例５，語り６からわかるように，集団的保育行為スタイルの保育士も，集団活動を通して，クラスが一つの集団としてまとまっていくことを望んでいるが，その際に集団的保育行為スタイルの保育士は，幼児間の交渉や相談，話し合いを通してまとまることを願っている。そのため，保育士のかかわりや言葉がけも，幼児の行動を誘導したり，他児と相談したりするように促していくのである。

第４項　応答的保育行為スタイル

次に応答的保育行為スタイルについてである。ここには，E・F・G保育士が該当する。

〈いざこざ場面において〉

E保育士

事例６：リズム遊びの場面。上手にできない男児がいる。先生は何回か繰り返して教えているが，それを他の男児が「何回やってんだ」と笑う。先生は「ちょっと練習しているだけです」と諭すようにいう。

語り７：(この場面は，手が出ているいざこざではないが）喧嘩はそんなに止めないです。手を出すときには，「言葉で喧嘩して」ということは言いますけど。

Ｅ保育士は，原則的に幼児のいざこざへは介入しないという。

いざこざの原因は押さえておくものの，あまりヒートアップしないようにしながら，言語的ないざこざは許容している。身体的攻撃がみられるようになると，一時的に介入するものの，基本的にはいざこざの当事者間解決や他児の解決的関与を誘発し，なるべく自らが直接介入しないように心がけている。それは，いざこざが感情衝突という幼児に必要な経験であると考えているからである。

Ｆ保育士

事例７：ホールへ移動するために，部屋の入り口にみんな並ぶように先生はいう。先生が部屋の戸締まりをしているときに，女児の泣き声が響く。「Ｑ君叩かないで」と女児が叫ぶ。「たたいてない」とＱ君も叫びかえす。しばらく叩いた，叩いていないのやりとりが続く。先生はそばに立って見ているが声はかけない。しばらくして先生は他の子に「どうだった？」と聞き，状況を説明してもらう…。

語り８：(いざこざに介入しすぎると）大人が何でもしてくれると（子どもが）思うので，けんかしているなと思っても，危険に繋がらないって（時には)，横というか，少し離れたところからみてて。…（略）…（身体的な攻撃も）手でちょっとぐらいならいいんだけれど…，たたき出したら近くに寄って，でもどこまでいくかを考えながら見ている。(この辺りの対応は）子どもによって違う。

Ｆ保育士もＥ保育士と同様に非介入的な方略を用いることが多い。しかし，Ｆ保育士は身体的攻撃もある程度までは許容しており，幼児に必要な経験だと考えている。もちろん，いざこざでの身体的攻撃に対する介入を行うこともある。だが過度の保育士の関与は，幼児の大人介入を期待させてしまい，自分たちで解決できなくなると考えているので，自分たちで問題を解決することを通して，不満を受け入れる力や感情を切り替えて次の活動へと移ることができるような育ちがみられると考えている。

〈集団活動場面において〉

E保育士

事例９：発表会で行う劇の練習をしている。役のグループについては，それぞれで分かれて練習している。

語り10：その時に気分でやりたい役をやればいいんだけど，やっぱり「これはやりたくない。あれはしたくない。」って時は「じゃあ誰かお願いできる？」っていうかたちでお願いすることはあって，それがいっぱい例えば他の役で「やりたい！」っていう子がいると「じゃあ，この間やった子じゃなくて，今までやったことない子にやってもらおうか。」っていうような事はしますけどね。なるべくは子どもがやりたい事をやってる時が一番輝いてるなーとは思うので…。

このように，応答的保育行為スタイルの保育士は，集団活動において幼児が集団で活動できることを考えつつも，あくまで一人一人の幼児がやりたいと思っているのかどうかが保育士のかかわりの判断基準になっていることがわかる。

以上，３つの保育行為スタイルと，それぞれの保育士がどのような場面でどのようにかかわるのかを見てきた。次に，冒頭で問い２としてあげたように，対立的と考えられる指導的保育行為スタイルと応答的保育行為スタイルとを対象として，同じような場面で，どのようなかかわりの差異が現れ，また，それはどのような保育士の価値観と通じているのかをみていく。

第3節　類似場面における保育行為スタイル間の差異

第1項　方法

1）方法

本研究における方法は参与観察を用いた。前述したとおり，ここでは類似した保育場面に対して，異なる保育行為スタイルの保育者がどのような関わり方をするのかということにアプローチしていく。このためには，研究者が実践現場に身を置き，そこで仮説生成を行うエスノグラフィーの手法がもっとも有効である（箕浦，1999）。

観察にはビデオカメラを持って行き，後述する対象の教諭と幼児の相互作用の場面を録画していった。この際には，事前に研究の目的と方法，及びビデオの視聴は研究者のみが行うこと，ビデオを録画されたものを公表するときには事前に連絡をすることなどの注意事項を説明し，幼稚園から許諾を受けて行った。

観察は，同じ幼稚園に勤務する二人の保育者を対象としたため，15分を基本単位としながら，二つのクラスを行き来し，観察・録画を行った。ただし，場面が継続しているときなどはそのまま録画を続けるなど，フレキシブルに対応した。

ここで録画したデータはエピソードごとにまとめられ，後日文字化された。

また，その観察中に3回（2005年12月，2006年2月，3月にそれぞれ1回。1回につき約2時間），特徴的な場面について，筆者・園長・X教諭・Y教諭とでカンファレンスを行い，データの読み取りや解釈について，複数の視点で妥当性を検討した。

2）対象者について

本章では，前述したような目的を明らかにするために，異なる保育行為スタイルとして対立したものと考えられている指導的保育行為スタイルと応答的保育行為スタイルの二人の保育者を対象とした。

その際，以下のような手順で観察対象者を決定した。

まず，対象としたのは高知県内のＡ幼稚園である。観察当時，全園児数は161名（年少24名，年中68名，年長69名）であった。ここで園長先生に対して，研究の目的と方法を伝え観察の許諾を得た上で，対象となる保育者を相談し決定した。

対象となったのは，５歳児クラスを担当するＸ教諭とＹ教諭である。2005年度は二人とも５歳児クラスを担任している。園長先生自身，以前からこの二人の保育者の幼児に対する関わり方の違いが気になっており，ちょうど同じ５歳児を担任していたことから，推薦していただいた。そこで，Ｘ教諭とＹ教諭に研究の目的と手法を伝えたところ，了承頂き，また，その話し合いの中でＹ教諭は自らの保育行為スタイルをどちらかといえば応答的であると認識しており，Ｘ教諭も自らの関わり方をどちらかといえば指導的であると判断していた。この点は園長先生も同じ判断であったことから，二人の先生を対象として選択した。

Ｘ教諭（女性・42歳：観察時）は幼稚園教諭としては３年目であり，それ以前に15年間，小学校教諭としての経験がある。Ｙ教諭（男性・32歳：観察時）は幼稚園教諭８年目である。

3）期間について

本研究における期間は以下の通りである。

期間は，2005年10月から３月までである。基本的には，筆者が週に１回のペースで観察を行った。時間は，午前９時から12時までであり，その間，隣り合ったＸ教諭とＹ教諭のクラスを行き来しながら，観察を行った。

4）基礎データについて

録画されたビデオデータは，一つのまとまりの「エピソード」として場面ごとに分けた。その後，場面を文字に起こした。また，そのエピソードを活動集団単位（小グループ・全員）と，活動内容（劇遊び・喧嘩・ごっこ・自由遊び・制作活動・連合遊び・その他・絵本の読み聞かせ・お集まり・片付け）のカテゴリーでそれぞれの保育者の場面を分類した。

二人の保育者の観察時間は表3-5の通りである。X教諭が総エピソード数52，合計観察時間が6時間12分であり，Y教諭が総エピソード数66，合計観察時間が7時間58分であった。小グループ・いざこざの場面数以外の場面では，エピソード数，録画時間ともに大きな差はなかった。

表3-5　各教諭の観察場面数と時間

	X教諭		Y教諭	
	場面数	時間	場面数	時間
小グ・劇	1	0:07:28	2	0:29:26
小グ・いざこざ	3	0:06:33	15	1:15:25
小グ・ごっこ	2	0:40:12	2	0:26:28
小グ・自由	8	1:50:31	8	0:53:32
小グ・制作	13	0:30:40	15	1:29:48
小グ・連合	4	0:16:02	3	0:36:41
小グ・その他	2	0:15:49	2	0:05:10
全員・絵本	3	0:28:13	2	0:18:00
全員・お集まり	6	0:44:35	4	0:53:29
全員・片づけ	7	0:40:09	6	0:30:53
全員・活動	2	0:17:01	4	0:21:21
全員・劇	1	0:15:18	1	0:29:54
全員・制作	0	0:00:00	2	0:08:30
合計	52	6:12:31	66	7:58:37

ここで分類された場面のうち，本研究で取り上げたものは，幼児集団全員に対する場面として「お片付け」の場面を，小グループの幼児との場面として「制作活動」を，関わりの難しい場面として「いざこざ」の３つとした。

第２項　選べない選択肢と選べる選択肢（お片付け場面）

小川（2000）が述べるように，お片づけは単に遊んだものを片づける，という生活習慣の形成というだけではない。お片付けの場面は，生活習慣行動の一環でありながらも，保育者の意図がこめられている「教育」場面であり（箕輪，2013），個々の幼稚園や保育者によってその実践知が異なっている（砂上・秋田・増田・箕輪・安見，2009）。保育における片づけは，幼児の主体的な活動を明日へとつなげる活動となる。従って，お片づけ場面において，保育者が幼児にどのように活動を促すかは，保育行為スタイルや教育的意図の違いを明らかにする上で重要な場面となる。

このようなお片づけの場面で，Ｘ教諭とＹ教諭はどのようにかかわるのかをみていく。下記の事例は，二人のクラスともに自由活動が盛り上がり，そのためお片づけの開始が遅れ，普段よりもお弁当の時間が遅くなりそうな状況であった。その中で，それぞれのかかわりは以下の事例の通りである。

事例10　お片づけ場面におけるＸ先生の対応

保育室はそれまでの遊びで，遊具やチラシなどが散乱している。そこへ外遊びに出ていたＸ先生が帰ってくる。Ｘ先生は子ども達を集めて話しかける。

「今日，幼稚園に泥棒が来たみたい。今日はこの泥棒の中で，ご飯を食べる？」

子ども達は，口々に「いやー」と言っている。Ｘ先生はさらに「だってこれ片づけられないでしょう？」と言うと，子ども達が片づけはじめる。Ｘ先生は，「あら，みんなすごい，そんな力ある？　力がわいてきた。みんなでがんばるぞー！」とみんなで一斉に部屋のお片づけを始める。

（2005.11.15）

事例10でＸ教諭は，部屋が片づいていないことを非難するのではなく，泥棒がやってきた，とファンタジー要素をとりいれて幼児の注目を集めている。そして，「片付けられないでしょ？」とハードルを提示することによって，幼児自身から「できる」という言葉を引き出している。

この背景には，X教諭の幼児の活動を方向付ける巧みさがあるといえよう。つまり，X教諭はファンタジーで注目させ，ハードルを提示することで，実際にはお片づけを「する／しない」という選択肢があるものを，巧みに「する」の方へと誘っていく。X教諭はその巧みな言葉がけによって，幼児の活動をうまく統制し，一つの方向へと導いている。

指導的保育行為スタイルは，権威的で直接的，命令的関わりが多いと思われるが，このX教諭の関わり方は必ずしもそうではない。X教諭は，権威的・直接的に命令することなく，保育者の意図する方の選択肢を選ばせるような巧みな言葉がけを用いて，幼児の行動を一方向に誘導しているのである。

一方，応答的保育行為スタイルであるY教諭は同じ場面でどのように関わっているのだろうか。

事例11　お片づけ場面におけるY教諭の対応

それまでお化け屋敷遊びをしていた。部屋には大型積み木が広げてあり，ミイラ男になったトイレットペーパーが散乱している。そろそろ，お弁当の時間も近くなり，Y先生は子ども達に呼びかける。

「じゃあ，お弁当の後，お化け屋敷するかもしれないけど，一度，しまおうか。」

Y先生は，絵本を読み始め，子ども達を先生の前に集める。

「(Y先生）お弁当の時間になって，お隣のクラスも食べているんだけど，どうしようか？」

「(幼児）食べる」と口々に言う。

「(Y先生）食べるためにはどうしようか？」

「(幼児）片づける。」とやはりそれぞれが言う。

「(Y先生）どれくらいで片づける？」

数名が，「5分」「1分」などと言っている。その中で，女児が「12時。」と答える。

「(Y先生）よし，じゃあ，12時にみんなでいただきます，できるように，がんばるぞ！えい，えい，オー！」

(2005.11.15)

ここでＹ教諭は「どうしようか？」と幼児に投げかけている。このとき，Ｘ教諭とは異なり，Ｙ教諭の投げかけは本当に幼児に選ぶことができるものである。もしここで幼児が「片づけない」を選択したら，Ｙ教諭はお弁当を外で食べるなど，異なる活動へと誘っていたかもしれない。

つまり，Ｙ教諭は選択肢を提示し，それを幼児自身が話し合い，考え，選ぶことを重要視している。実際に選ぶことのできる選択肢であるといえよう。

同じお片付けの場面において，指導的保育行為スタイルであるＸ教諭は，巧みに誘導をして選択肢を選ばせず，一方，応答的保育行為スタイルのＹ教諭は幼児自身に選択肢を選ばせることを経験させている。

ここには，それぞれどのような教育的意図があるのだろうか。

後日のカンファレンスの中で，Ｘ教諭は，全員で使用する部屋を全員で整理をして，次の日につなげたいと考えていた。また，同時に片付けをみんなで行う中で，達成感を幼児に与えたいと考えている。一方で，Ｙ教諭は保育者の意図を窺いながら幼児が活動するのではなく，みんなでどうしたらいいのかを考えてほしいと言う。

つまり，「みんなのことを」考えて片づけをしたいというＸ教諭の教育的意図と，「みんなで」考えてお片付けをどうするのかを導き出したいＹ教諭の教育的意図という違いが現れている。

第３項　できる喜びと見つける喜び（制作活動場面）

様々な行事や遊びといった日常の保育場面で，制作活動は中心的なものとなっている。幼児期の制作活動では，作品制作の出来よりも，その活動の中でどのような経験をするのかが重要である。従って，その経験の質に対しては，保育者の関わり方が大きく影響を与えるであろう。では，その制作活動において，X教諭とY教諭のかかわりは次の通りである。

事例12　制作活動におけるX教諭の対応

中央のテーブルで女児たちがドングリに穴をあけている。そこへX先生が行き，「うまくできた？」と尋ねる。女児らもドングリごまをつくる。先生は自分のこまをまわしてみせる。

X先生「ほら，見てみて。T君が教えてくれたよ。ここを短くしたらいいって」

先生の声を聞いて，さらに数名の幼児が集まってくる。

先生はもう一度，ドングリごまの作り方を教える。

X先生「それでは説明します。まず，ここに穴をあけます。手にはあけないように。ここに持ってきて，ぴゅっとやります（画鋲をどんぐりにさす）あんまりやりすぎないように」と，わざと失敗してみせる。

「上手にこうやって，これぐらいでいい」さらに柄をつけて見せる。

幼児はめいめいドングリごまを作り始める。

(2005.11.22)

制作活動の場面において，X教諭は先生自身が指向している制作物へと幼児の制作活動が向かうように，その手順をわかりやすく説明する。その際には，こうしたら失敗する，こうやったらうまくできるなど幼児の具体的経験の予測に基づいて提示している。幼児は，X教諭の明快な説明を聞いて，それぞれ制作していくことができるようになる。

このような関わりの中で，X教諭は幼児の活動に対して先回りした言葉掛けを行うことで，幼児の活動をいわば規定しているといえよう。だが，これは同じ制作物を目指してではなく，X教諭はなるべく多くの幼児が「できる」ようになること，作れることの喜びの体験を重視して関わっていると考えられる。

一方で，Y教諭は事例13のようにかかわる。

事例13　制作活動におけるY教諭の対応

Y先生は折り紙を四つに折って，角をはさみで切り落とす。広げるときれいな模様になる。

「あ，すごい」と女児達はY先生と同じように折り紙を折り，はさみできる。女児たちはY先生のやるように折り紙を折り，模様を作っていく。これをクリスマスの飾りにしていく。しばらく制作が続く。

今度は女児のYが「ここを切る」とY先生に言う。「開いたら，きれいになる」と，Y先生に教えていく。Y先生もそれに応え「ここを切る？」「こうする？」と教えてもらう。

女児「先生，こんな簡単なこと知らないの？」

Y先生「知らなかった。世の中にはこんなすごいことがあるんだね」

(2005.12.06)

この事例では，Y教諭は折り紙を折り，それをはさみで角を切り落とし広げると模様になることを女児達に教えていた。ここでY教諭は一律にやり方を教えていくのではなく，女児達が見て真似できるようにしている。そして，女児YがY教諭のやり方を真似しながら，少しアレンジした方法で行い，それを逆にY教諭へ報告していく時，「教える側」として応答するのではなく，「教えられる側」として反応していく。

このような関わり方の中で，Y教諭は単に幼児が「できる」だけではなく，幼児自らの試行錯誤の中で何かを「発見して活動する」喜びの体験を重視していると考えられる。

一方，カンファレンスの中では，Y教諭の制作活動において，保育全体からみて制作が少ないのではないか，という話も出ていた。このことは，Y教諭が「できる」を重視しているために全体の制作活動はうまく展開するが，そこから個別へとつながらないという可能性も指摘されていた。この部分をどのように解決していくかがY教諭の課題となっていた。

ここで注意すべきは，もちろん，X教諭が「発見する」喜びを，Y教諭が「できる」喜びを幼児に体験させていないということではない。しかし，同じ制作活動という場面において，どのような見通しをもって関わっていくのかということは，幼児が日々の遊びの中で何を体験してほしいのかという二人の先生の教育的意図の違いの現れであり，それが関わり方の差として表出された結果であるといえる。

第４項　仲間文化外での和解と仲間文化内での和解（いざこざ場面）

いざこざやけんかは日常の保育で頻繁に起こるものであり，このような自我の衝突を経験していきながら，コミュニケーションの取り方や人間関係の機微を学んでいく重要な場面である（小原・入江・白石・友定，2008）。しかし，それは時には激しい喧騒を伴うものであることから，保育者がこのいざこざ場面をどのように収束させていくのかは，力量を問われる場面でもあり，かかわり方の違いが明確になる場面でもあろう。では，Ｘ教諭とＹ教諭のいざこざ場面に対するかかわりは次の通りである。

事例14　Ｘ教諭のいざこざ仲裁

廊下で，男児Ｓと女児Ｋ，Ｍの３人が集まって言い争っている。男児Ｓ対女児Ｋ・Ｍとでけんかをしている様子。そのときに，ちょうどＸ先生が通りかかった。Ｘ先生は座って，二組の言い分をそれぞれ聞く。どうやらＳの語尾が強くて，そのまま口げんかのようになったとのこと。
Ｘ先生「待って，Ｓ君は何を？」
Ｋ「Ｋは何もいっていないのに…」
と，言い合いが続く。
Ｘ先生「バカじゃないけど，いやな言葉を言ったんだ」
先生は立ち上がり，手を取る。
Ｘ先生「比べてみろ，やめろよ，って言ってたうちにけんかになっちゃったんだ。比べてみろ，って言わないわよ。くらべてみよ，って言おう。はい，手を合わせて。」
先生は最終的にまず男児Ｓにごめんって言うように促し，女児たちにも促す。
Ｓ「ごめん」
Ｘ先生「すごい」
Ｋ「いいよ」
同じやりとりが逆にして行われる。
Ｘ先生「さすがに年長さんだね」
と，みんなで歩いて玄関の方へ行く。

(2005.11.22)

事例14で，Ｘ教諭はいざこざ場面に廊下で出あう。先生は二人の言い分をそれぞれ聞き，お互いの非を認めて，謝るように促している。

このようなかかわり方は日常の保育場面でも非常に多く見られた。Ｘ教諭は幼児のいざこざに対して，きちんとお互いの言い分を言い，非を認め，相手の気持ちを理解した上で和解を求めていくというかかわり方となっている。このように保育者がいざこざをしている間に入り，調整していくかかわり方は，Ｘ教諭に限らず，多くの保育者が行っている喧嘩両成敗型の仲裁と考えられるだろう。しかしそれはいわば先生を中心とした法廷のような，幼児の仲間関係とは別の次元で行われている。つまり，仲間文化外での和解であるということが特徴である。

このようないざこざの解決方法は，日常の保育場面で多く見られるだろう。これは一つに幼児のそれぞれの主張をきちんと伝えあうこと，どこに齟齬があったのかを確認し，謝罪しあうことで，人間関係面での発達を促したいと考えるからである。だが，一方で，表面的に謝っておくが，実際はその幼児の気持ちが収まらないといったケースも考えられるだろう。

一方で，Ｙ教諭は幼児のけんかに対してＸ教諭とは異なる関わり方で仲裁していくことが多かった。以下，事例を見ていこう。

事例15　Ｙ教諭のいざこざの仲裁

Ｙ先生と男児４人が大型積み木のところで遊んでいる。その内の一人Ｕが座って泣いている。何かを訴えているがよくわからない。Ｙ先生は４人のけんかをそばで，見守っている。そこへ身体測定の連絡が来て，片づけることになった。

泣いていた男の子が片づけ始めようとして，「手伝おうか」と他の３人に言う。他の３人（Ｖ，Ｗ，Ｚ）は無視をして片づける。

Ｙ先生「先生も寄せて。」

男児３人「やだ」

Ｙ先生「なんで？　どうやったらはいれる？」

ＵはＹ先生のところへいく。

男児Ｖ「ムシキングになったら」
Ｙ先生「ムシキングの何になるか教えてよ」
男児Ｖ「カブトムシになったら」
Ｙ先生「Ｕ君は何になる？」
Ｕ「クワガタ」
Ｙ先生「先生は何になろうかな～」
と言いながら，大型積み木を出して遊びに入る。Ｕも一緒にいく。
Ｕは「入れて」といい，「いや」と言われるものの，Ｙ先生がブロックを渡して，何となく一緒に遊んでいる形になる。
だが，それでもＵは他の男児から拒絶される。他の男の子から「やっちゃだめ」と言われて，再び泣き始める。
先生はブロックを部屋全体に広げていく。男の子が「お風呂つくればいい」と言って，さらに部屋全体にブロックが広がっていく。
Ｕが先生に「おいちゃだめ，っていわれた」と言う。先生は「いいよ」，と言ってブロックを渡し，他の男の子に，どこにおいたらいいか教えてあげて，と言う。それまで拒絶していた男の子が「じゃぁ，ここにつなげて」とＵに言って，一緒に組み始める。

(2005.11.22)

事例15でＹ教諭は一人仲間はずれにされている男児のことを気にかけている。しかし，直接的に仲間はずれの原因を尋ねる，Ｕを遊びに入れるように言うなどの幼児の行動を注意することはしない。まずＹ教諭は一緒に遊びの仲間になり，仲間はずれにされている男児Ｕを誘い入れ，一緒に遊んでいくことでそれぞれがいつの間にか遊ぶようになることをねらってかかわっている。

ここでＹ教諭はいざこざを仲裁するのではない。男児達の様子を見ていきながら，あくまで一緒に遊ぶというスタンスを保つことで，男児達の仲間の中に入り込み，その人間関係の不和を調節していこうとする。つまり仲間文化内での和解を目指しているのが特徴であろう。Ｙ教諭のこのようないざこざの仲裁は，日々の保育にもよく観察された（例えば，とっくみあいのけんかをお相撲さんごっこにしてしまう，など)。だが，カンファレンスの中では，解決に時間がかかるということも述べていた。

仲間文化の内で解決を促すのか，外で解決を促すのかは，非常に難しい問題である。前述したように，両成敗にすると気持ちが収まらないこともあるだろうし，仲間文化内で解決しようとすると，長期化してしまう。表3-5のデータでいざこざのエピソード数・時間が多いのは，このためと考えられる。

重要なのは，これらの場面に，保育者は一定の保育行為スタイルでのみ関わるのではなく，多様なかかわり方によって，解決を促していく（促さないという方法も含めて）視野が必要になるのであろう。

第４節　小括

本章では，第一に，指導的・応答的・集団的という３つの保育行為スタイルの保育者が実際の保育場面でどの様な行為を行っているのか，具体的な事例に基づき，その保育行為スタイルごとの特徴と，特に指導的―応答的保育行為スタイルの中でどのような差異があり，そこにはどのような価値観があるのかを明らかにしてきた。

第二に，類似した場面であっても保育行為スタイルによって，幼児に経験してもらいたいものが異なり，それが結果として行動に表れていることが明らかになった。また，指導的保育行為スタイルは，命令的・権威的なニュアンスで捉えられ，好ましくない行為であるようにイメージされるが，熟達した指導的保育行為スタイルの保育者には，指導的とは幼児の選択肢を狭めつつ，巧みに自身の意図する行為へと誘導していく巧みさがあった。

類似した場面であっても教育的意図の違いによって関わり方が異なり，それが異なる保育行為スタイルとして表出されること，とりわけ熟達した指導的保育行為スタイルを浮き彫りにしたという点において，本章は保育実践の持つ多層性を表しているといえよう。

第4章　保育行為スタイルの内化／外化プロセス

第1節　本章の目的

第3章では，保育行為スタイルの類型とその行為の特徴について述べた。第3章でみてきたように，同じような場面であっても，保育者によって行う保育行為は異なっている。このような違いの集積が，保育行為スタイルとして表出すると考えられるのであるが，本章ではこのような差異を生み出していくプロセスを発生の三層モデル（TLMG）に基づき明らかにしていく。とりわけ，最下層である保育行為がどのような中間層の記号と結び付いているのか，それはまたどのような最上層である価値観と結び付いているのかを捉えていく。このプロセスを明らかにしていくことで，同じような場面であったとしても，保育者が選択する保育行為が異なること，つまり，保育行為スタイルの分岐点を捉えていくことができるだろう。

よって，具体的には次のような2つの問いを設定した。

①保育行為スタイルの違いが生成されるプロセスを明らかにすること

②保育行為スタイルが維持されていくプロセスを明らかにすること

である。

また，対象とする場面では，いざこざ場面と集団遊び場面の2つを取り上げた。

なぜなら，日常保育において，いざこざやけんかは頻繁に生起するものである。保育者はこれを解決していかなければならないと考えているものの，同時に，幼児にとって必要な経験であり，時として肯定的に捉えられる（岩田，2011）。従って，保育者の価値観と，実際の保育場面で解決していくかかわりが明確であると同時に，保育者自身もなぜそのようにかかわったのかについては，比較的語りやすいものである。

また，集団活動場面を対象としたのは，いざこざ場面と異なり，集団活動場面は，保育者が中心となる保育場面である。そこでは幼児の活動を一定程度誘導するために保育者が中心とならざるを得ない。このような場面において保育行為スタイルはどのような形で，価値観と行為とが結びついているのかをみていく。特に集団活動場面は，特に初任者は集団活動に課題を感じており（佐藤・森本，2014），また，近年，保育所においては，障害のある幼児をいかに集団活動に誘っていくのかが保育者にとっての大きな課題となっている（例えば，竹内・上野・前田・玉村・越野，2009など）場面である。

以上のことから，本章ではこの２つの場面を対象とした分析を行う。

第２節　方法

第１項　研究協力者

１）対象と期間

本章では，第３章と同じく，愛知県Ｏ市に勤務する公立保育所の５歳児クラス担当の保育士に協力を依頼した。調査対象は，７名である（表3-1 再掲）。また，保育行為スタイルは，一定の年数以上の保育経験と関連していると考えられるため（Kruif・McWilliam・Ridley・Waley, 2000；上田，2008），本研究では保育経験10年以上の保育士のみを対象とし，研究協力を依頼した。

調査期間は，2011年11月から2012年11月までである。

２）データ収集の方法

研究協力を依頼し承諾を得た保育士７名に対して，任意の日程で，協力者の園へ筆者が１～２回観察に行き，ビデオカメラで映像を録画した。後日，

表 3-1　本研究の対象者の基礎情報（年）（再掲）

	保育士	性別	年齢	保育歴	現園勤務歴
1	A	男	37	11	6
2	B	女	37	13	8
3	C	女	35	15	4
4	D	女	52	32	4
5	E	女	55	34	9
6	F	女	44	24	4
7	G	女	35	13	9

可能な限り早い段階で（1週間以内程度），録画した映像を，協力者と共に視聴し，それぞれの場面ごとにその状況やその時々の声かけや保育行為の理由について，半構造化インタビューを行った（各自60-90分程度）。

第2項　分析方法

保育者の語りを対象とするために，質的な研究方法であるSCAT（Steps for Coding and Theorization）（大谷，2007；大谷，2011）とTEM（Trajectory Equifinality Model）（サトウ，2009）を採用した。SCATとTEMは異なる質的研究分析手法であるが，本研究ではこの2つを組み合わせて使用した。

SCATは大谷によって開発されたもので，インタビューデータを①データの中の着目すべき語句，②それを言い換えるためのデータ外の語句，③それを説明するための語句，④そこから浮き上がるテーマ・概念という4ステップで，データをコーディングし，④のテーマ・概念を用いて，データに記述されている出来事に潜在する意味や意義を書き表したストーリーラインを記述していくものである。なお，TEM（複線径路・等至性モデル）については，第2章で詳しく触れているのでそちらを参照したい。

本研究において，この2つの手法を複合させて利用したのは，個別の保育者の語りから，抽象的な概念を取り出し，保育場面へのかかわりの意味や意義を見いだすためにSCATを用い，そのSCATで得られた概念を利用しながら，時間軸にそって保育場面の解決に至るプロセスを明らかにするという2段階の手順で，分析を実行するためである。

以上のことを踏まえて，次のように分析を進めた。

①それぞれの保育場面に対する語りの抽出と1次カテゴリーの創出：7人の保育者の語りから，それぞれの保育場面に関する部分（1～3エピソード／1人）を抽出し，一人ひとりを対象にSCAT分析を行い，ストーリーラインを記述した。このSCAT分析で得られたカテゴリーが1次カテゴリーである。

②個々の保育行為スタイルの同定と個別の径路の作成：個々の保育者の保育行為スタイルを同定するために，それぞれのインタビューからそれぞれの保育場面に対するかかわりとしての動詞を拾い上げ分類した（第3章参照）。その結果，分類された3つの保育行為スタイルを基軸として，それぞれの保育場面で，どのようなかかわりを行うのかを等至点として，その間のプロセスを三層モデルに基づき，1次カテゴリーをネットワーク化すると共に，共通する1次カテゴリーを集積し，さらに抽象度の高い2次カテゴリーを生成しながら，個々の保育者の語りのプロセスの径路を作成した。

③総合的な三層モデルに基づくネットワーク化：得られた2次カテゴリーを配置しながら，個々の関係性を考慮しつつ，複線径路を重ね合わせていきネットワーク化した。

第3項　いざこざ場面に対する分析について

いざこざ場面を対象とした分析は，まず個々の保育者得られたエピソードごとの語りを対象として，SCATを用いて分析した（表4-1を参照）。但し，いざこざ場面に対しての語りについては，7人の保育者の内，5人しか得られなかった。そこでいざこざ場面に対しては，語りの得られた 5 人を対象とした。5 人から得られた概念数は，160であった。また，個々の保育者によって，ストーリーラインを作成した（表 4-2）。この概念を用いて TEM を作成した（図 4-1）。

第 4 項　集団活動場面に対する分析について

集団活動場面を対象とした分析は，まず個々の保育者得られたエピソードごとの語りを SCAT を用いて分析した（表 4-3 を参照）。そこで得られた概念数は，159であった。また，個々の保育者によって，ストーリーラインを作成した（表 4-4）。この概念を用いて TEM を作成した（図 4-2）。

第 3 節　いざこざ場面における検討

第 1 項　発生の三層モデルに基づく保育行為スタイル

SCAT で得られた概念コーディングに基づいて，一人一人のいざこざに対する語りの径路を描き出した。5 人分のものを最終的にひとつにまとめたものが，図 4-1 である。TEM では左から右に向かって，非可逆的時間として時間の流れを捉えることが基本的に行われている。従って，図 4-1 も左から右へと非可逆的時間となっている。また，発生の三層モデルは，価値観（マクロレベル）と日常行為（ミクロレベル）との間に，両者が変容していく何らかの影響を与える中間層（メゾレベル）を設定した理論モデルである。ここでは，ヴァルシナー（2013）の内化／外化プロセスの図を参考に，三層を点線円で区分した。三層が価値観を表す最上層であり，二層が記号を表す中間層，一層が日常行為を表す最下層である。

このモデルでは，日常行為は非可逆的時間の中で流れていく（図 4-1, 4-2 の左から右の矢印）。人は常に新しい瞬間を経験しているが，常に新しい

表 4-1　いざこざ場面に

番号	発話者	テクスト	〈1〉テクスト中の注目すべき語句
1	A	この戦いは，お化け屋敷を見せてたんですけど，紙を，そのとき，Ri 君が前に居て，Hi 君が前に出てきたときに，ちょっとぶつかっちゃったんです。最初は，僕もそこで解決まで至るべきだったんです，そのときには，後々考えるとですけど。	僕もそこで解決まで至るべきだった
2	A	ちょっとぶつかったくらいかなと思ったから，Ri 君が根に持つタイプっていうのも分かってはいたんですけど，このときに，ちょっとたってから，Hi 君はごめんねって謝ったんですけど，Ri 君はもうそのときには，やだっていう話で，普段からそんなに，許してあげるっていう感じにはなれないんですけど，特にこのときには，気分転換ができる状況じゃなかったもんですから，H 先生も居なくて。	根に持つタイプ／御免練って謝った／
3	A	僕も，そこの場を離れられないし，っていうことで，一応，Hi 君は謝って，ごめんねっていって，でも，Ri 君は嫌だっていう感じで，このときになってます。	そこの場を離れられない
4	C	それは何ていってるんだろう。	
5	A	それよりも，気分が，プールに入りたいって感じが大きくて，ごめんねって謝ったんですけど，Ri 君は全然，気持ちの，納得できないものがあった感じで。	ごめんねって謝った／納得できない物があった
6	C	時間がたってエスカレートしてるからじゃなくって，もともとこんな感じ？	
7	A	割と，これに近いですね。でも，良くなかったのは良くなかったです。	よくなかった
8	C	対応できなかったね。	
9	A	対応できなかったですね，1 人だったから。	対応できなかった／ひとりだったから
			（後

ストーリーライン（現時点で言えること）	A先生は，喧嘩の解決必要性を考えている。そのためには，情報収集方略で幼児の姿把握，決的関与の誘発方略を用い，他児の解決的関与を促し，問題解決を目指す。このことで，される。だが，幼児の不満の非受容や否定的感情の長期化，保育者の1人状況の限界とい

寸するSCAT分析の例

〈2〉テクスト中の語句の言いかえ	〈3〉左を説明するようなテクスト外の概念	〈4〉テーマ・構成概念（前後や全体の文脈を考慮して）	〈5〉疑問・課題
喧嘩早期解決要求	喧嘩早期解決	喧嘩の解決必要性	
否定的感情の長期化／謝罪方略	喧嘩方略（幼児）／幼児の姿把握	否定的感情の長期化／謝罪方略	
離脱不能	状況的制約	状況的制約	
謝罪方略／不満非受容	喧嘩方略（幼児）／幼児の姿把握	謝罪方略／不満の非受容	
不十分対応	介入の限界	介入の失敗	
不十分対応／ひとり保育者の限界	介入の限界	介入の失敗／1人状況の限界	
略）			

児の行動把握を行い，共感方略や謝罪方略，見守り方略を用いて解決を目指す。それだけではなく，解
り替え力の期待や切り替え力の発揮予測が生まれ，実際に切り替え力が発揮されることで，問題解決な
た状況的制約によって，介入の失敗が発生する。

表 4-2　いざこざ場面に対する 5 人のストーリーライン

A 保育士
A 先生は，けんかの解決必要性を考えている。そのためには，情報収集方略で幼児の姿把握，幼児の行動把握を行い，共感方略や謝罪方略，見守り方略を用いて解決を目指す。それだけではなく，解決的関与の誘発方略を用い，他児の解決的関与を促し，問題解決を目指す。このことで，切り替え力の期待や切り替え力の発揮予測が生まれ，実際に切り替え力が発揮されることで，問題解決なされる。だが，幼児の不満の非受容や否定的感情の長期化，保育者の 1 人状況の限界といった状況的制約によって，介入の失敗が発生する。
B 保育士
B 先生のけんかに対する考え方は，幼児の行為把握を行い，そこに身体的攻撃があり，また幼児の否定的感情の長期化が見込まれれば，介入タイミングを計り，早期保育者解決を行う。なぜなら，けんかの継続により，攻撃性の相乗効果増大となり，一方が逃避方略をとれば，他活動への影響がでると考えているからだ。また，けんかへの観客的参加者である他の幼児に対しては，否定的感情の回避から，幼児間解決を求めず，保育者解決を行うと考えている。
C 保育士
C 先生は，けんかの発生を確認すると情報収集方略を用いて状況把握を行う。どのように解決するのかについては，状況によって，保育者介入型解決，幼児間解決，当事者内解決が考えられる。保育者介入型解決では，幼児が保育者誘い方略を用いてきた場合であったり，切り替えできない子といった子どもの姿把握があった場合に，介入必要性を感じ，見守り方略，共感方略などを用いて問題解決を図る。幼児間解決は，問題関与志向幼児がいる場合やけんか内で肯定的感情表出，否定的感情の解消といった幼児感情のくみ取りが予測される場合，意地悪的けんかではない場合，他児の問題解決関与誘導方略や問題共有化方略を用いて，幼児間解決を図る。この場合，感情衝突や否定的感情経験があるものの，真剣謝罪を通して，問題が解決され，切り替え力の発揮といった幼児の成長認識がみられ，幼児間解決の肯定的評価がなされている。しかし，ここでは，告発型問題解決雰囲気が形成されたり，問題野次馬志向幼児がいた場合など，幼児間解決の困難化が予測される場合は，当事者間解決を目指し，本人達だけで問題を解決することもある。また，謝罪方略が真剣謝罪であれば，評価するが，それが形式的謝罪であった場合，問いかけ方略，再確認方略，再思考方略を用いて，状況の整理を行う。
D 保育士
D 先生は，けんかに対して，けんかの原因理解をするものの，基本的には非介入方略を用い，ヒートアップ抑制しながら，言語的けんかの許容を行う。方略の中には，一時受容的方略，共感方略，代弁的謝罪方略がある。このような F 先生をみているため，他児の解決者的関与が起こり，幼児間の謝罪要求促しなどが発生する。非介入方略を主とするのは，感情衝突による解放（カタルシス）を幼児に経験させたいと考えているからである。

但し，嘲笑的けんかに対しては，大人の価値観受容が必要であるため，介入必要性を感じている。

このような幼児のけんかは，感情衝突による解放（カタルシス）であるため，必要であると考えているが，現在のクラスはけんかの少ない幼児関係であり，そこに保育者としてのやりにくさ感，幼児の感情解放という課題を持っている。

E保育士

E先生は，けんかを認めると，けんか状況把握を行う。そこには肯定的幼児把握や否定的幼児把握といった幼児の行動把握，その背景にある問題行動読み取りを行い，けんかへの介入を行う。介入の方略として，発言制止方略，共感方略，ルール遵守方略，誘導方略，同行方略，情報収集方略，問いかけ方略，けんか無視方略，逃避方略，確認方略があげられる。

また，けんかに対して他の幼児は他児からの解決的関与として関わる。他の幼児は，けんかへの介入として，保育者誘い方略，解決案提示，行動修正要求がある。

E先生はけんかを感情衝突による解放（カタルシス）として捉え，感情衝突の肯定をしている。従って過度に介入することはなく，身体的攻撃の許容や自己中心的泣き児への非介入がみられる。むろん状況をみて，身体的攻撃の介入を行うが，過度の介入は，幼児の大人介入期待を招くため，けんか介入終了することもある。このようなけんかをとおして，幼児の不満受容力や切り替え力が育ち，けんか後も切り替え力の発揮や立ち直り力の発揮を期待している。

意味づけを行い続けているのではなく，そのような経験を集合的枠組みとして，安定的に捉えるものが中間層である。この中間層は，日常行為レベルで行った行為や発言，見聞きしたものの意味が解釈されるレベルである。この中間層の構造が異なれば，同じものをみても違った意味で解釈し，それが発話や行為の産出を方向付ける（サトウ，2009）。そしてここから繰り返され選択されたものが，相対的に安定した意味構造に変容され，最上層の価値観となり，これがその人のライフコースをガイドする（ヴァルシナー，2013）。

また，この三層モデルは，内化／外化の層モデルとしても捉えることができる（図4-1中の左下から中央上への矢印と中央上から右下への矢印）。ヴァルシナー（2013）によると内化とは外的な情報を内的に統合するプロセスであり，外化とはその統合形態として外的な環境を変更していくプロセスである。このようなシステムは，社会的文脈における過剰な複雑性への緩衝材となるという。以上のことを踏まえて，いざこざ場面におけるかかわりプロセスをみ

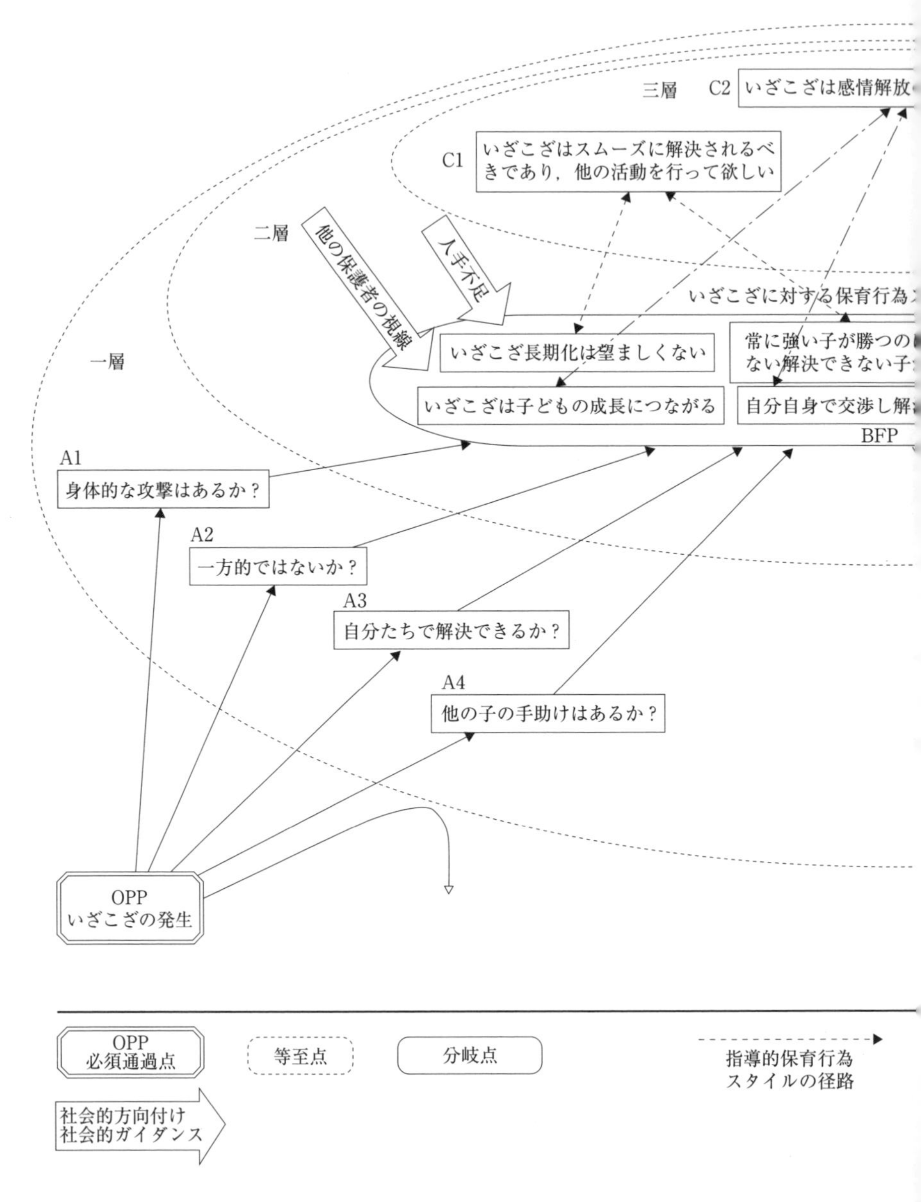

図 4-1　TLMG に基づくいざこ

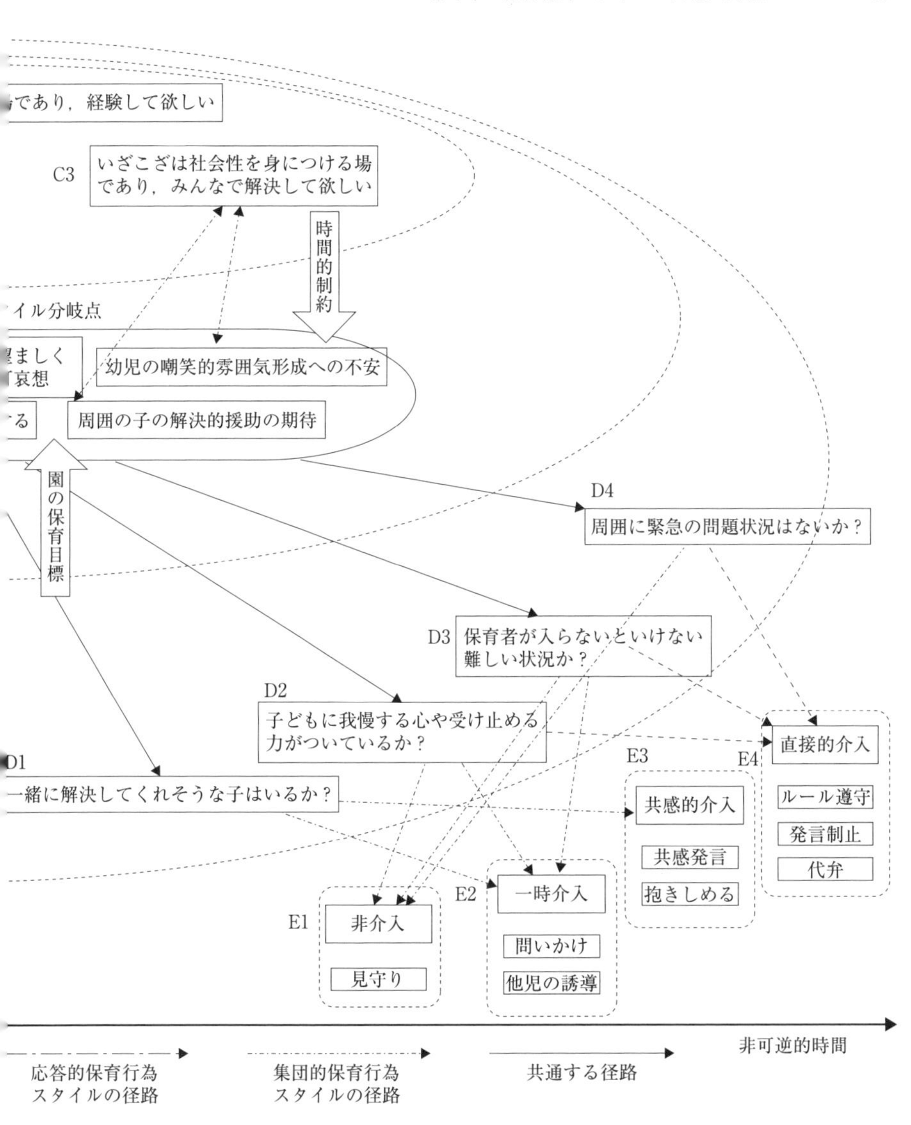

場面に対する関わりプロセス

ていく。

第２項　一層：内化プロセス

まず，いざこざにかかわっていくためには，いざこざが発生し，そのいざこざを認識していなければならない。これは，いざこざへのかかわりという点では，当然であるが，必ず発生するものであるので，必須通過点とした。

いざこざの発生後，保育者の語りから，かかわりを判断する上で，４つの径路が明らかになった。

A1　身体的攻撃が認められるかどうか

いざこざ場面で，保育者が最初にあげるものが身体的攻撃の有無である。いざこざも，口で言い合っている状態から，一方的に攻撃がみられたりするものまで，様々である。すべての保育者がいざこざ場面を読み取っていくときに，身体的な攻撃（手や足がでる）の有無があるかどうかについて触れていた。

A2　いざこざの雰囲気は一方的ではないか

次に，いざこざの状況が対等な関係性であるかどうかである。例えば，お互いの思いを主張しあい，口論になるようなケースであれば，そのまま様子をみることもあるだろう。だが，１対多数や一方的な状況になっていると判断した場合は，例え非介入志向の保育者であっても，介入の必要性を認めている。

A3　幼児は自分たちで解決できるか

３つめに，幼児がいざこざ状態を自分たちで解決できるかどうかの把握による。これはいざこざの当事者が，自分たち自身で解決できるかどうかである。この判断は，これまでのその子の姿がどのようであったかによって，分かれるところではあるが，例えば，「すぐに手が出る子」「この子は無理そうだ」と思う子に対しては，保育者が積極的に介入していくことも必要であると言う。一方で，当事者の幼児が解決できそうであれば，自分たち自身での解決や他児の介入を求める。

A4　他児の手助けは期待できるか

4つめは，いざこざが起こっている時，周囲に他児が集まっており，かつ，その中の誰かがいざこざ状態を解決しようとすることが期待できるかどうかである。この他児の関与については，いざこざ当事者に真摯にかかわろうとする幼児を正当な参加としてみなし，場を任せることもある。だが，同じように集まっていても，そこで野次馬的な参加は好ましくないと捉えており，そのような状況になるようであれば，他児を遠ざけ，当事者のみで話しあうことも考えられる。

この4つの径路は，いざこざの発生という社会文脈的状況における状態から，そこから保育者がどのような情報を拾い上げるのかという内化のプロセスの第1段階である。現実世界で生起しているすべての情報を人間（保育者）は知覚することはできない。その中で，重要なものを選択的に取り上げている（逆に言うと，図4-1の下向き矢印のように取り上げられない情報がある）。つまり，ここで取り上げたA1からA4の径路は，保育者がいざこざにかかわる際の判断指標として用いられている。

第3項　二層：保育行為スタイルの分岐点

以上の4つの指標から，同じような情報を読み取ったとしても，その後のかかわりは異なってくる。保育行為スタイルの分岐点は，二層でその方向性が決定づけられる。発生の三層モデルに基づく二層とは，一層によって得られた情報が「個人的統合のない一般化される」ものである（ヴァルシナー，2013）。

保育者は，いざこざに対する様々な情報を得ることで，それがどのような状況にあるのかについて整理することができる。そこでは，例えば，「いざこざによって幼児は成長する」ことを知っている一方で，「いざこざが長期化することは望ましくない，早めに解決した方がよい」とも考えている(BFP1)。また，保育者が介入せず，「自分自身で解決すること」ができればよいと思っているが，「常に強く言える子が勝ち続けるのはよくない」状況であると判断できる（BFP2)。また，周囲の子ども達が自律的にいざこざにかかわり解決しようとしてくれるとよいと思うが，その中で，他児への嘲笑的関係性が生まれてしまうことへの不安もある（BFP3)。

このような葛藤は，これまでの長い保育経験の中での経験や研修会などで蓄積されてきたいざこざに対して持ちうる一般化されたものである。ここで，「個人的統合のない一般化」というのは，この層の段階では，そういう考え方もあることは知っている（が私はそう思わない）というレベルである。この中から，相対的に三層へといくつかのものが統合されていくことで，それぞれの保育者が持つ保育行為スタイルへとつながっていく。

つまり，保育者がいざこざに対して所有する個人的統合のない一般化から，個人主観的な意味構造となる三層へと取り込まれることで，個々人の保育行為スタイルが決定づけられるのである。

第４項　三層：主観的意味としての価値観

二層において，一般化されたものとして，保育者はいざこざに対する考え方がいくつかあることは知っている。しかし，それが自身にとってどのような意味を持つのか，何を重要なものとして捉えるのかが，三層の価値観のレベルである。

このレベルでは，一度，個人の主観的意味として統合されてしまうと，簡単には変容しないという（ヴァルシナー，2013)。それは変わらないことを意味しているのではなく，変わらないという変化を維持し続けているからである。もちろん，長期的な変容は想定されるし，何らかの経験で劇的に変わることも考えられる。だが，逆に述べるならば，これは長期的でなければ変容は確認されないし，また，劇的な何かがなければ，変わらない（という変化）を維持し続けるという意味である。

いざこざ場面に対して，3つの価値観が現れた。ひとつは，いざこざはスムーズに解決され，むしろ他の経験を大事にしてほしいというC1，いざこざは幼児にとって感情解放の場であり，幼児期に経験すべきものであるというC2，いざこざは幼児集団の社会性を身につけるよい機会であり，みんなで話しあってみんなで解決してほしい，というC3である。

例えば，BFP1のような「いざこざは幼児が経験すべきもの」と「長期化が望ましくない」という対立的情報が存在していることは既知であろう。その上で，主観的にどちらの情報を価値観として統合するのかによって，同じいざこざ場面に対して，自らが適切と思われるかかわり方に差異が生じていくと考えられる。

保育者がその長い経験の中で，なぜその価値観を持つに至ったかは，本研究の射程ではないため，明らかにはなっていないが，少なくとも，これまでの保育経験や養成校での経験なども含め，様々な要因によって獲得されたものと考えられる。この点について本研究では，保育経験10年以上をベテランとしてまとめたが，対象者は11年から34年と開きがあった。価値観C2となったのは30年以上の2名の保育者であることから，養成された世代による影響もあると考えられる。

従来の先行研究が明らかにしてきているように，保育行為スタイルは，最終的には個々の保育者が持つ価値観によって規定されている。だが，それが実際に幼児に関わるときに，ある種の価値観通りにそれが行えるかというと必ずしもそうではない。

第5項　一層：外化プロセス

保育者はある価値観のもと，いざこざにどのように関わるべきかという理想的な状況は想定している。だが，現実に幼児とかかわっていく時には，必ずしも，自らの理想的なかかわりができるわけではない。実際に幼児とかかわっていく際には，D1からD4のようないくつかの状況を踏まえながら，適切なかかわりを選択することが必要になる。保育者の語りからでてきた項目を以下にまとめている。

D1　一緒に解決してくれる子はいるか

これは，いざこざに一緒にかかわり，解決しようとしてくれる子がいるかどうかである。例え，周辺幼児の積極的な関与を求めていても，その周囲に適切な子がいなければ，そのようなかかわりを行うことは難しい。

D2　子どもに我慢する心や受け止める力がついているか

保育者が介入せず，子ども自身に任せたいと思っているが，当該幼児がまだ十分にそのようなストレスに対する弾性が育っていなかったり，解決しようとできないと判断されると，介入せざるを得ない。

D3　保育者が入らないといけない状況か

例えば，身体的な攻撃が過剰になっているような場合は，保育者がすぐさま介入していく必要がある。

D4　周囲に緊急の問題状況はないか

保育者が介入せず，見守りたいと思っていても，時間的制約があったり，他の場所でもいざこざが発生してそちらへ対処しないといけないという状況があると，そちらを優先せざるをえない。

様々な外的条件を考慮しながら，実際には「直接介入」「共感的介入」「一時的介入」「非介入」の保育行為から，適切だと思われるかかわりを選択せざるを得ない。

このようなD1からD4は，個人がこうかかわりたい，という価値観を反映した外化プロセスの中で，現実の社会文脈的状況における条件とも言えるものである。これらの条件によって，実際にどのような行為を行うのかは，左右されるため，保育者は，様々ないざこざ状況に対して柔軟に対応することが可能となっているのである。

だが，このような保育行為の現実的な多様性は，社会的状況と価値観との間でのコンフリクトによって形成されるものであるため，必ずしも，個々の保育者の価値観に大きな影響を与えることはない。従って，現実の様々ないざこざ状況に，柔軟に対応しているとしても，個々の保育者が持つ保育行為スタイルとそれを規定していく価値観には，大きな変容はなく，それが保育行為スタイルを維持していくメカニズムとなっている。

第4節　集団遊び場面における検討

第1項　発生の三層モデルによる図式化

第2節第4項で述べたようにSCATを用いて得られたストーリーラインの概念を用いて，TEM図を作成した（図4-2）。

まず，図4-2についてであるが，第3節と同じく本図はヴァルシナーの発生の三層モデルを土台として構成した。

第2項　集団活動場面における保育者の内化プロセス

保育者の集団活動場面における内化プロセスは，集団活動場面におけるこれまでの幼児の姿を起点とする（OPP必須通過点）。ここには，行事や園としてのカリキュラムなど，制度的な制約が，社会的方向付けとして働いているだろう。このような幼児の姿を見ていることを前提として，一層（社会的文脈的レベル）として，友達と相互に助け合いながら活動しているか（A1），協力しながら活動できているか（A2），現在の集団活動は継続していけそうか（A3），安全な状況であるかどうか（A4）という活動を読みとっていくポイントが現れてくる。集団活動を読みとっていく上で，保育者のスタイル間の違いは無く，集団活動を進めていく上では，保育者はこれらの点を一つの指標としている。また，OPP から一層の枠にはじかれている矢印は，これらの現象を見ながらも，保育者自身の認識として入ってこない事象があることを指し示している。

二層の記号発生レベルでは，保育者が葛藤するポイントとして２つのものがある。一つは，一人一人の幼児が集団活動に自発的にかかわっていけるように，どのようにかかわっていくべきか（B1）である。保育を行う際に，幼児を無理矢理に活動させることは好ましくないと多くの保育者が感じているため，いかにして，一人一人がやりたくなるようにかかわるのかは保育者にとって，葛藤するポイントである。ここでは，集団内の一人一人にどうかかわるかということなので，集団内個別性と名付けている。

もう一つ，進行している集団活動をどのように，どこまで進めていくのかも重要なポイントとなっている（B2）。ここでは，進行している集団活動をどのように進めていくのかということを示しているので，個別的集団性と名付けた。この２つは集団活動を展開していく上で密接に関わっているために，個別的集団性と集団内個別性（B）としてまとめ，発生の三層モデルにおける記号発生レベルでのかかわり方が分かれる分岐点とした。

集団活動場面における内化プロセスで特徴的な点は，価値観レベルの三層において，スタイル間での大きな差が無いということである。この点，第３節のいざこざ場面を対象とした研究とは異なる点であった。第３節では，いざこざ場面において，保育者のかかわりを規定していく価値観は３つに分かれていた。しかし，本研究で対象とした集団活動場面で保育者は「集団活動で5歳児なりの充実した活動」を目指しており，その中で，それぞれ身につけてもらいたいことが，自分らしさ（C1），話し合いとしての集団（C2），集団活動でのルールを獲得（C3）とわかれているものの，それらをどのように集団活動の中で身につけていくかについては，「ゆっくり」でよく，長期的な視野で目指している（C4）。したがって，この内化プロセスにおいては，二層から三層への矢印は形成されなかった。この点は後述するが，恐らく長期的・継続的な保育者の価値観変容については，さらなる調査取り組みが必要になるだろう。

第3項　集団活動場面における保育者の外化プロセス

外化プロセスとしては，二層での記号発生レベルの葛藤から，各保育者の保育行為スタイルへと分岐した形で対応することとなる。上述したように，指導的保育行為スタイルの保育者は，指導的なかかわりを行うことが多く，応答的保育行為スタイルの保育者は，促しや見守るかかわりが多い。集団的保育行為スタイルの保育者は，友達同士で相談するように促すようなかかわりが多くなってくる（E1）。

また，集団活動の個別的集団へとかかわる際には，活動を導入していく方法として，理想的な集団活動へと向かうために簡単な集団活動を行い，だんだんと難易度を上げていく（例えば，手つなぎ鬼を行う際に2人までとする→4人までとする…という風に）活動段階的導入を指導的保育行為スタイルの保育者は行う。そこには，活動の頻度を増やして，活動を充実してほしいという保育者の意図もある（D2）。

一方，応答的保育行為スタイルの保育者は，最初，好きな活動場面で集団活動へと展開していく活動を導入しておき，幼児の興味関心を高めていきながら，全員で行うという活動選択的導入を行う（E2）。そこには，可能な限り保育者の意図性を排除したいという意図もある（D1）。

表 4-3　集団活動場面に

NO	発話者		〈1〉テクスト中の注目すべき語句
1	A	まず，きのうやった活動についてなんですけども，子どもたちが，お化け屋敷に興味を持って，お化け屋敷をやりたいということでした。その中で，どういうふうに導入として持っていくかというところでは，考えてたんですけど，グループで協力して何かを作るっていうのも，5歳児なりの課題かなというふうに，一つ，思っていたので，自分たちで自由な発想の下で，迷路にしたりだとか，お化け屋敷のイメージをふくらませていけたらなっていうことで，子ども同士のやり取りも見ながら，一緒に，お化け屋敷の絵を描きながら，活動を楽しめたらなというふうに思ってやってきました。	子ども達がお化け屋敷に興味をもって／グループで協力して何かを作る／5歳児なりの課題／自由な発想／一緒にお化け屋敷の絵を書きながら／活動を楽しめたら
2	A	そもそも，お化け屋敷って，Rh 君のクラスの中での動きとしては，目立つ部分があったので，Rh 君の興味のあるものを何か提供できたらなと思っていたので，彼の好きなお化け屋敷というところで，何か，活動に参加していけるようなことがたくさん増えていくといいなというところも思って，やっていました。っていうところでの，夏の後半に向けて，お化け屋敷がやれたらなというところでの，最初の導入というか，そういったところでの，きのうの活動でした。	クラスの中での動きとしては，目立つ部分があった／興味のあるものを何か提供できたら／活動に参加していける／最初の導入
3	C	じゃあ，これを見せていただきながら，進めていってよろしいですか。	—
4	D	そうですね。もし良かったら，先生には，例えば今の保育で，特にこの5歳児の，この時期の年齢で心掛けていることとか，こういうところを大事にしたいとか，伸ばしていきたいとかっていうところらへんの，大まかな狙いみたいな，思いみたいなところを少し。	—
5	A	今の思いでいえば，夏祭りがちょうど終わったばっかりなんですけど，何か，友達と協力をするっていうことが少しずつ分かってくるころかなというふうには思っていまして，太鼓をこの間やったんですけど，みんなと力を合わせてとか，音を合わせていくんだよというところでは，取り組んだのは太鼓だったので，大きな行事として，クラス全体でみんなで合わせていこうというところだったんですけど，まだまだ難しい子も居る中で，グループの中で協力をするとか，困ったときに，友達に手助けしてもらいながら解決していくっていうところも，少しずつつけていきたいなというふうには思っているところです。	友立ちと協力をする／クラス全体でみんなとあわせていこう／友達に手助けしてもらいながら／少しずつつけていきたい
6	D	今の時期で，難しいみたいなことを感じている部分はどこらへんになりますか。	—
7	A	さっきも名前を挙げたんですけど，Rh 君っていう子の，彼1人だけではないんですけれども，彼の活動に取り組む姿っていうのを，僕らも，どういうふうにやってたら，彼がスムーズに活動の中に入っていけるのかというところも考えながらやっていくつもりもあるんですけど，なかなか，外れてしまったりとか。それを友達が見て，自分もそういうふうにしちゃおうとか，そういうふうになっていくことが多々あったりするので，そこらへんでの難しさというか，まとめていきたいなと思うところでのジレンマっていうとこは感じています。	彼がスムーズに活動の中に入っていけるのか／そういうふうになっていくこと／まとめていきたいなと思うところでのジレンマ
ストーリーライン		A先生は，集団活動場面において，保育士協働かかわりや活動参加かかわり，活動いざ目をし，幼児スムーズ活動参加できるかどうか，あるいは幼児活動非参加かどうかの誘う また，幼児の集団協力製作では友達相互援助を行っているか，また，幼児の活動満喫度題を感じ，個か集団か葛藤を抱えている。しかし，基本的には幼児のゆっくり進歩を目指	

対する SCAT 分析の例

〈2〉テクスト中の語句の言いかえ	〈3〉左を説明するようなテクスト外の概念	〈4〉テーマ・構成概念（前後や全体の文脈を考慮して）	〈5〉疑問・課題
幼児興味関心／幼児集団製作／５歳児課題／自由発想／保育士協働描画／活動満喫	幼児活動内のレベル，活動の充実度	５歳児なり課題／５歳児なり自由発想／保育士協働かかわり／集団協力製作／活動満喫度合い	
個別幼児注目／個別幼児関心提供／活動参加／活動導入	個―集団幼児注目，関心提供，	個別幼児注目／活動参加かかわり／活動いざないかかわり	
友達協働製作／クラス全体協働／友達援助／ゆっくり進歩	活動人数，進歩状況	集団協力製作／友達相互援助／ゆっくり進歩	集団活動における長期的視野の存在
個別幼児スムーズ活動参加／個別幼児活動非参加／クラス全体協働ジレンマ	活動参加滑舌度，個―集団葛藤	幼児スムーズ活動参加／幼児活動非参加／個か集団か葛藤	

ないかかわり，繰り返し誘いかかわりを行いながら，幼児を集団活動に誘っていく。その際，個別幼児注
誘わない葛藤を感じている。そのためには，保育士意図排除が重要だと考えている。
合いを判断している。集団協力製作では，５歳児なり自由発想，５歳児なり完成度といった５歳児なり課
している。

表 4-4　集団活動場面のストーリーラインの例

A保育士
A先生は，集団活動場面において，保育士協働かかわりや活動参加かかわり，活動いざないかかわり，繰り返し誘いかかわりを行いながら，幼児を集団活動に誘っていく。その際，個別幼児注目をし，幼児スムーズ活動参加できるかどうか，あるいは幼児活動非参加かどうかの誘う誘わない葛藤を感じている。そのためには，保育士意図排除が重要だと考えている。 また，幼児の集団協力製作では友達相互援助を行っているか，また，幼児の活動満喫度合いを判断している。集団協力制作では，5歳児なり自由発想，5歳児なり完成度といった5歳児なり課題を感じ，個か集団か葛藤を抱えている。しかし，基本的には幼児のゆっくり進歩を目指している。

B保育士
B先生は，集団活動において幼児活動充実目的と幼児集団活動充実願望があり，実際に幼児活動充実している。活動では，幼児自発的行動支援期待をもち，幼児自発的行動支援を行う。また，幼児自発的活動を促すために，試験的かかわり，お願い的かかわりを行いながら，時には，強制的誘導や状況変更環境構成をしながら，幼児が経験後選択，やりたいこと選択できるようにする。集団へ活動継続期待し，保育者希望活動を持ち，幼児集団力信頼しているが，継続決定においては集団ルールを大事にしており，幼児集団一致すれば集団活動継続し，幼児集団不一致であれば集団活動非継続するつもりである。

C保育士
C先生は，集団活動において，活動充実感獲得や活動一体感といった幼児集団の活動共有とその子表現尊重を大事にしている。そのためには，個別取り組み充実し，技術抵抗幼児や苦手意識幼児に対して個別活動促しかかわり，集団活動誘いかかわり，焦点化注意かかわり，その子表出促しかかわりといった様々なかかわりで，技術上手表出圧力の中で技術向上希望している苦手意識幼児の失敗恐怖感を無くし，その子ペースで活動できるようにしている。また，5歳児なり取り組みである幼児の活動足跡を保護者に対して，提示的かかわりを通して保護者関与を引き出している。だが，その際には，園方針として幼児個人間差匿いがあるために，幼児個人名伏せ行為があったり，幼児技術格差無活動の導入が必要であったり，フォローアップ環境構成が求められる。このような幼児間個人差への配慮は，集団活動の中でも要求され，全体に目配り配慮しながら幼児過去経験読み取りし，苦手意識幼児判断を行い，幼児活動充実終了していけるよう活動継続困難児への活動休息かかわり，異活動促しかかわり，個別活動促しかかわり，焦点化注意かかわりといった援助的かかわりが求められる。そのためには，幼児活動時間保証が必要であり，活動終了異児配慮が求められる。そのための環境構成には，通年的環境構成と状況的環境構成とがある。

D保育士
D先生は，スケジュール過密の中，集団活動を行っている。そのため，幼児活動制限

やスケジュール制限があるものの，可能な限り活動機会頻度を設け，５歳児なり集団活動を行っている。集団活動は，身体的協働調整葛藤を通して身体的協働調整獲得を目指すものであり，従ってステップアップ活動導入を行う。幼児は，導入された活動に対して，幼児ルール葛藤を感じつつも幼児ルール獲得を行うことができるようになる。このため，先生は放任的かかわりを重要視する。５歳児集団活動本質としてはまだまだであるが，ルール遵守できるようになるには，時間必要であることは承知しており，安全性確認をしつつ，幼児安全適応できるようにこころがけながら，活動を行う。

E保育士

E先生は，集団活動において，スモールステップでの活動提供を重要視する。それは，幼児の活動参加行為始まりから長期的継続活動へとつながるからである。運動面においては身体意識育ちを大事にしている。

長期的継続活動のためには，初動重要性があり，そのために多様活動提供，スモールステップ活動提供を通して幼児活動促しかかわりを行う。それによって，幼児活動期待がおこり，長期的活動継続される。しかし，課題としては集団活動をみていくうえで，独力限界や保育者並列活動処理があり，長期的活動間隔があき，長期間隔弊害があるため保育者間支援必要性や複数保育者利点を認めている。また，園外研修必要性も重要だと考えている。

F保育士

F先生は，幼児の集団活動の中で，勝負こだわり否定し，話し合い集団形成目的としている。それは，幼児協働活動や話し合い活動を通して幼児思考プロセス重視し，幼児対話的関係や幼児配慮関係の形成である。幼児配慮関係形成するために，選択遊び活動一環として長期的展開集団活動を導入したり，切磋琢磨目的とした幼児協働グループを形成する中でのバランス配慮組み分けや幼児決定領域を広くするために，長期的取り組み，長期的展望かかわり，直接的かかわり，誘いかかわり，ポイント指導かかわり，思考促しかかわりを行う。また，思考促しかかわり補助のために思考促しかかわり環境構成を行う。

G保育士

G先生は，集団活動において，幼児が幼児成長感を持って子ども主導活動で展開することを望んでいる。そのために，幼児活動信頼しながら，幼児決定権を与え，幼児自身状況把握し，同時に幼児自身状況把握信頼しつつ，活動盛り上がりできるよう活動盛り上がりポイントを見極め，問いかけかかわり，思考促しかかわり，幼児決定促しといった最小限一時介入しながら，集団調整役割を担っている。

だが，集団活動盛り上がりを目指すには，幼児間トラブルも発生する。活動を決定するときに主導児優先となり，非主導児不満や非主導児残念感情が発生する。その際には，幼児間つながりを形成するために非主導児慰めかかわり，幼児間つながり促しかかわりといった最小限一時介入ポイントを押さえつつ非主導児不満解消し，幼児主導期待をもち，集団活動平等性がある中で幼児間良好関係するように配慮する。

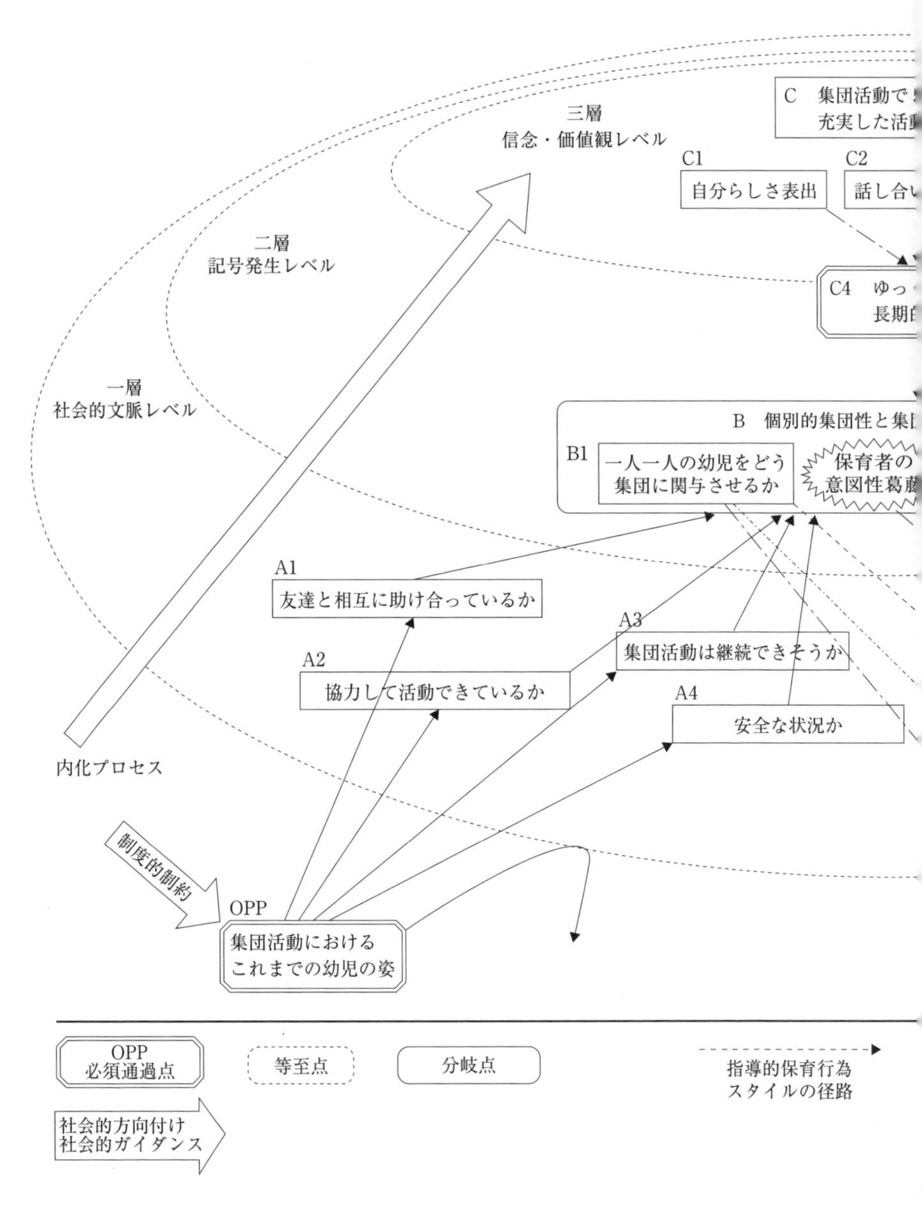

図 4-2　TLMG に基づく集

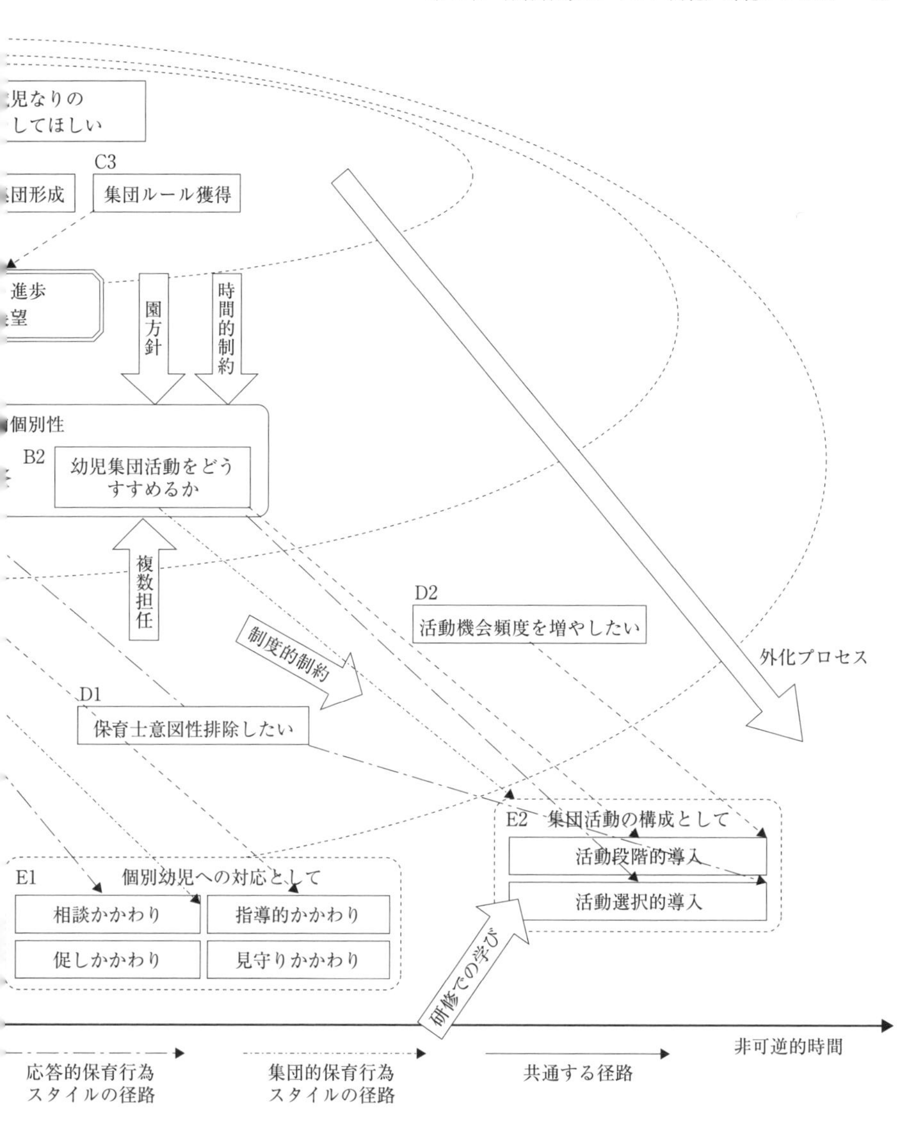

活動場面のかかわりプロセス

第4項　いざこざ場面との比較検討

いざこざ場面を対象とした第3節では，いざこざ場面の中で，保育者が身につけてもらいたいという価値観に保育行為スタイルごとの違いがあり，それがかかわりの中で表出していること，保育者が保育行為スタイルを身につけているにもかかわらず，多様なかかわりで幼児に対応することができるのは，それが一層における社会的文脈レベルでの葛藤であることが明らかにされている。しかし，これらの結果はあくまでいざこざ場面に限定したものであり，他の場面ではどうかという点が今後の課題としてあげられていた。そこで本研究では，異なる場面として，集団活動場面を対象とした。

その結果，集団活動場面に対する保育者の語りにおいては，身につけてほしいこととして，自分なりの表出や集団ルールと異なっているものの，それらを支えている「5歳児なりの充実」とそれらを身につけていくことへの「長期的展望」は共通していた。また，二層において保育行為スタイルの分岐点では，集団活動を維持・展開していくために，個人に対応するか，集団に対応するかという2つの葛藤と，そこからどう幼児にかかわるのかという二層から一層への段階で保育行為スタイルが分岐することが明らかとなった。

以上のことから，次のことが示唆される。

第一に，いざこざ場面との共通点として，保育者が幼児に対して多様なかかわりで対応できるのは，一層の社会的文脈レベルにおいて，いくつかのかかわるべき判断指標を持った上で，臨機応変にかかわりを変えているからである。しかし，それはあくまで一層においてのコンフリクトとなり，何らかの記号を発生させ，価値観を変容するにはいたらない。

第二に，いざこざ場面と異なる点として次の点があげられる。保育行為スタイルが分岐していく二層において，いざこざ場面では，様々な葛藤状況が生起し，それは三層の価値観と関係していた。しかし，集団活動場面においては，保育行為スタイル間の価値観の差異は小さく，分岐点において，現れたのは保育者の意図に対する意識の違いである。つまり，応答的保育行為スタイルの保育者は，自身を黒子のように捉え，なるべくその意図が見えないようにしていくために，非介入的であるが，指導的保育行為スタイルの保育者は，その意図をあまり隠そうとせず，直接伝え，その上でどうしたいかを幼児の判断にゆだねていると考えられる。また，集団的保育行為スタイルの保育者は，全員で活動してほしいという意図を選択的に伝えていると考えられる。

つまり，保育を行う上で，幼児の影に隠れた地の部分として自身を捉えているのが応答的保育行為スタイルの保育者であり，同じフィールドに立った図の部分として自身を捉えているのが指導的保育行為スタイルの保育者である。また，基本的には地の部分であるものの，みんなでやってほしいというメッセージを強く表しているのが集団的保育行為スタイルの保育者である。このような違いが，保育行為スタイルを分岐させる記号となっている。

本研究で得られた集団活動場面でのかかわりプロセスと，先行研究のいざこざ場面との比較検討することによって，保育行為スタイルが分岐する共通点と，その分岐の岐路を決定づける保育者としての保育におけるアイデンティティの在り方が明らかになった。このことから，保育行為スタイルが単に分類されるだけではなく，なぜ分岐するのかについて，一定の説明ができる。

第5節　小括

本章では，7人の公立保育園に勤務する保育経験の長い保育士を対象に，保育観察と，いざこざ場面，集団活動場面において，どのような保育行為を選択し，それはなぜなのかについてのインタビューを行った。保育士の語りから，TLMG に基づき，保育行為スタイルがどのような形で生成されているのか，また，どのような形で維持されているのかをヴァルシナーの述べる内化／外化の概念を利用し明らかにした。

その結果，以下のことがまとめられる。

①保育行為スタイルの生成

従来の保育行為に関する研究では，熟達した保育者は多様なかかわりができると同時に，その選択の幅には限界があり，それが保育行為スタイルとして表れているという一見すると相反した知見が蓄積されている。

発生の三層モデルという枠組みを用いることで，この問題は説明できよう。保育の現場においては様々な状況が発生している（いざこざの発生)。この状況の中でどのようなポイントを捉えるのか（一層)，そこでどのような意図を保育者は持ちうるのか（二層)，そして私はどうしたいのか（三層）という内化プロセスである。ヴァルシナーによると，内化とは，外的な情報を内的に統合するプロセスであり，外化とは，その統合形態として外的な環境を変更していくプロセスである。このようなシステムは，社会的文脈における過剰な複雑性への緩衝材である（ヴァルシナー，2013)。

つまり，幾度となくいざこざに関わってきた熟達保育者は，様々な状況のいざこざから適切なポイントを見極め，いざこざに対する様々な考え方があるのを知った上で，自身の価値観を形成していく。この点について，例えば，Kruif・McWilliam・Ridley・Waley（2000）の初任保育者は幼児の行動に対して反射的に反応しているという指摘を踏まえると，保育者の熟達とは，保育場面に対してある種の価値観を持って関われることがその一面として認められる。

また，保育者がある種の価値観を持ってかかわりたいと思っても，幼児の社会的文脈においては，異なるかかわりで対処する必要もある。例えば，いざこざを経験してほしいと思い，見守っていても，幼児が積み木を投げようとすると止めようとするだろう。保育経験の長い熟達した保育者は，様々な価値観をもってかかわりたいと思いながらも，社会的文脈に即して対応できるが，重要なのはこのことが価値観同士のコンフリクトではなく，社会的文脈上でのコンフリクトであるため，保育行為スタイルには大きな影響を与えない。従って，ともすれば，それはステレオタイプ的な理想となり，現実とのずれが生じる可能性は存在する。ここから，自らがどのような価値観を持ち，同時に現実場面でどのようにかかわっているのかという三層から一層への外化プロセスを反省的に捉え直す必要性が示唆される。

このように，先行研究で指摘した相反する知見は，発生の三層モデル枠組みを用いることで統合的に説明される。

②保育者の成長としての保育行為スタイル

次に，段階に応じた保育者への示唆が考えられる。初任保育者は，まだいざこざにどのようにかかわるべきか，どう対応すべきかがまだ十分に把握できていないかもしれない。その際，一層で現れた判断指標を提示することは，自らのいざこざ場面でのかかわりに対して，実践的示唆を与えると考える。

様々な保育技術を習得し，一層のような判断指標を活用しながら，適切なかかわりができるようになっていく。その上で，そのような個別的なかかわりがどのような価値観と自らの中で結び付き，保育者としての主体的価値観を内包していくのかが重要な局面となってくる。従って，保育実践での研修やふりかえりの中で，保育行為と価値観との結びつきを踏まえていくことが肝要となる。

最後に，熟達した保育者はある種の価値観をもって自らの保育行為スタイルを形成している。この部分を自覚的に捉えていくことで，自らの価値観が揺さぶられ，長期的に価値観のよりよい変容へと繋がっていくのではないだろうか。

③本章からの課題

本章では，保育行為スタイルがどのようなプロセスを経ることで，それぞれの保育行為スタイルへと分岐するのかを明らかにした。では，このような分岐は保育者の熟達の中で，どのように形成されていくのかは明らかになっていない。そこで，次章では，保育行為スタイルがまだ形成されていない初任者を対象に，日々の保育行為がどのような形で，保育者の価値観に影響を与え，径路として結びついていくのかを明らかにしていく。

第５章　保育行為スタイルの萌芽としての価値観と行為の関係

第１節　本章の目的

第１項　問題背景

本章では，初任保育者を対象として，保育行為スタイルの萌芽としての中間層における記号の生成がどのように発生し，また，保育者自身の価値観と保育行為にどのように影響を与えているのかを明らかにする。

初任保育者を対象としたのは，以下の２点の理由による。

第一に，これまで述べてきたように，保育行為スタイルには，大きく幾つかの類型に分かれることが示されている。例えば，Kruif・McWilliam・Ridley・Waley（2000）は，保育行為スタイルが平均的・指導的・応答的・非応答的と分類している。この知見を受けて，上田（2008）は日本の保育者51名（幼稚園９園，保育所２園）を対象とし，保育者の保育をビデオ録画を行った。そのビデオを基に，Teaching Styles Rating Scales（McWilliam・Scarborough・Bagby, 1998; McWilliam・Zulli・Kruif, 1998）を用いて評定を行いクラスター分析を行っている。その結果，反応的・指導的・受容的・教授的保育行為スタイルの４つが現れ，反応的保育行為スタイルのみ，若年層の保育者であることから，保育者は，就労直後では幼児の活動に対して，反応することができる反応的保育行為スタイルから，経験を経るに従って，その他の３つの保育行為スタイルへと分岐していくのではないかと述べている。よって，初任保育者を対象とすることで，保育行為スタイルが形成されていく萌芽として TLMG の視点から，中間層の記号の生成とそれが価値観や行為に与える影響をとらえていく。

第二に，保育職に限らず，多くの就労者にとって，1年目の期間とは特別な時期である。中でも，1年目からクラス担任を任された保育者にとってみると，その1年は責任感と緊張感の中で過ごしていると考えられる。

いまさら言うまでもないことだが，保育者養成校から，保育職へと入っていくこの1年間が重要な期間であることは，養成校教員も，幼稚園・保育園園長も十分に把握しており，様々な実践や研究がなされている。

例えば，西山・片山（2013）は，就職直後の初任保育者を対象に，保育内容「人間関係」に関する保育者効力感の向上を目指した支援プログラムを実施し，報告している。また，三好・石橋（2006）も，初任保育者の担当する保育の実態と問題意識に関するアンケート調査を行い，初任保育者の抱える課題を解決していくための保育者養成校と現場との連携の重要性を述べている。同じように，保育士養成校の卒業生を対象とした全国保育士養成協議会の大規模アンケート調査でも，卒後2年目で離職している卒業生が，在職している卒業生よりも「やりがい感」や「周囲から認められた感」が低いことから，この時期に対する手厚い支援の必要性を述べている（全国保育士養成協議会，2009；2010）。

初任保育者にとってこの時期が極めて重要であることは，多くの研究が示している通りである。だが，これらの研究の多くは，外部からの研修やカンファレンスを通して，改善・成長が求められる支援されるべき対象としての初任保育者である。未熟で支援されることが必要であるのはそうだが，同時に，初任保育者の視点から，この初任の1年間を捉え直す必要がある。ヴァンダー・ヴェン（Vander, 1988）の述べる保育者のライフステージの「新任の段階」であるこの時期を単なる段階として捉えるのではなく，この1年間で，初任保育者がどのような課題や葛藤を抱え，曲がりなりにも1年間，保育者として過ごすことが「できた」のか，そのプロセスを明らかにする。

第2項　目的

以上のことから，本章では，初任保育者に焦点をあて，インタビュー調査を行い，保育行為と価値観との関係性を発生の三層モデルを手がかりに，初任保育者が1年間を通して「保育できた」観を獲得していくプロセスと保育行為スタイルとの関係性を明らかにする。

また，そのためには多数の初任保育者を対象とした定量的調査や複数の保育者へのインタビューではなく，ある一人の初任保育者に焦点をあて，彼女がどのように価値観を獲得していくのかに限定した。

第2節　方法

第1項　本章の研究協力者

本章における研究協力者は，保育者養成校を卒業し，愛知県内の公立保育園に勤務している保育士のサトミ先生（女性，20代，仮名）である。サトミ先生は，公立保育園へ内定が決まった際に，何歳児を担当したいかと尋ねられ，幼児を担当したいと希望していた。その結果，サトミ先生は，1年目からクラス担任を任され，調査当時，18名の5歳児（男児10名，女児8名）を担当していた。

第2項　インタビューについて

インタビュー期間は，2012年6月から2013年3月まで月に1回程度行った。4月5月は就労したばかりであり，勤務に慣れるために余裕がないことから，インタビューを行わなかった。時間はだいたい各時間1時間から1時間半であり，合計10回のインタビューを行った（詳細は表5-1）。

インタビューは，半構造化で行われ，インタビュー内容は，サトミ先生の

表 5-1　基礎データ

回数	分	概念数	回数	分	概念数
1回	64	79	6回	38	64
2回	65	81	7回	56	99
3回	48	81	8回	50	83
4回	55	106	9回	58	57
5回	49	86	10回	50	60

（2012年6月～2013年3月まで月1回インタビュー）

表 5-2　インタビュー項目

インタビュー項目	最近の活動
	クラス全体の雰囲気
	この一ヶ月で上手くいったエピソード
	悩んだエピソード
	来月に向けての課題

担任クラスの状況，自身の思い，この1ヶ月で上手くいったと思うエピソード，そうではないエピソードを中心に対面方式で行った（表5-2）。インタビューは，サトミ先生の許諾を得て，ICレコーダーに録音された。録音データは後日，文字化された。本章の分析は，この文字化されたインタビューデータを対象としている。

第3項　分析方法

分析については，語りから概念名を抽出するコーディングをSCAT（Step for Coding and Theorization）（大谷，2007；2010）を用いた。SCATによって得られた概念名をもとに，TEM（Trajectory Equifinality Model）（サトウ，2009；安田・サトウ，2012）を用いて分析した。

本章では，1年間にわたるインタビューデータから，初任保育者の保育観の形成過程やそれと日々の保育行為との関連性を，時間軸にそって明らかにすることが目的である。そのために，時間的プロセスを捨象しない TEM によって分析を行う。

TEM とは，第2章で述べたように，人間を開放システムとして捉え，時間を捨象し外在的に扱うことをせず，個人に経験された時間の流れを重視する質的方法論である。人が外界と様々に相互作用しながら，その時々で選択を行い，多様な径路を辿る。これを非可逆的時間軸にそってモデル化するものである。本研究では，SCAT で得られた構成概念を利用し，サトミ先生の1年目における保育行為と価値観との関係を非可逆的時間軸と発生の三層モデルにそって，そのプロセスをモデル化した。

だが，本研究のように，長時間にわたるインタビューでは，ナラティブからコードを算出していく方法が難しい。TEM は KJ 法的に行うようになっているが，概念名抽出は任意であるため，その方法について詳細に定められてはいない。そこで，概念名を抽出していく方法として，SCAT を用いた。

SCAT とは，テクストからコードを案出していくコーディングを行う際に，4つのステップに基づいてコーディングを行い，構成概念，ストーリーラインを記述し，そこから理論化を行う分析手法である。本研究では，サトミ先生の語りをコーディングする際に本手法を採用した。

以下，手順を記す。

1）サトミ先生のインタビューデータ全10回（533分，内訳は表1参照）の文字記録を元に SCAT を行い，ストーリーラインを記述した（表5-3）。そこで得られた構成概念数は以下の通りである（表5-1参照）。

2）1）で表出された構成概念を元に，それぞれ類似しているものを一つのまとまりとして，さらにコーディングを行い，抽象度を高めるとともに，時系列を意識しながら内容の関係をネットワーク化した。

表 5-3　ストーリーラインの例

5歳児担当の保育者となった4・5月では，隣のクラスのベテランの先生に保育計画依存，保育指導案依存，保育内容依存し，ベテランの見通しが理解できず，保育内容無理解感，環境構成無認知感，保育者自立感欠如，未熟な「わたし」感を感じている。

そのため，設定場面において事前準備の甘さや教材の理解不足，幼児の活動への導入の困難を感じ，保育行為不安を抱いている。

クラスの中では，無意図的環境構成であり，幼児の人間関係への見通しの無さもあることから，トラブル多発し，失敗経験を感じ，またトラブルうんざり感もありながらも，試行錯誤しながら解決しようとしている。

その解決の方法は，とりあえず制止，とりあえず集団解決，とりあえずルール理解促し，とりあえずけんか両成敗，とりあえず行動振り返り促し，とりあえずルール理解周知といったとりあえず対応である。

園の中で，好きな遊びの時間は，長時間の好きな遊びであるが，保育者不足から，遊びへの非関与であり，最低限の安全確認的関わり，状況理解的関わりであることから遊び関与感欠如を持ち，遊びに入らない「わたし」に対して疑問を感じている。

だが，教室内の環境構成については，幼児のあるもの遊び，教育的意図欠如の遊びを感じたことから，面白そうかもという単純動機から試験的環境構成も行った。そこで，保育者の意図していない幼児行動や予想外の遊び行動が新発見され，意図的環境構成の重要性を感じている。一方，玩具への過剰反応や物理的制限から，けんかの増加，けがへの心配，他児への迷惑，収納できない環境が考えられ，用途別環境構成の必要性がある。また，保護者の目意識に対して無装飾への不安があるものの，おもちゃの装飾への疑問を持ったまま，今回は試験的環境構成をやめた。

このような試験的環境構成や環境構成再配置による幼児行動の変化から，構成の重要性や使いやすさが大事であることに気付き，幼児の統制欠如した状態を環境構成による統制方略で成功した幼児からの学びもあり，環境構成意識の芽生えや環境構成への課題意識が生まれた。

保育者として未熟な「わたし」としての認識があるSは，不十分な子ども理解や具体的子どもの姿欠如，何もできていない感，また，園長からの指導欠如によるわからない園文化やそれを知らされていない感を感じ，書類の多さに辟易し書類への疲労を持ちながら，初任者にはできない感から，来年度への不安を感じている。だが，依存への疑問もあるがベテラン保育者からの手助けもあり，また周囲のベテラン保育者を模倣対象としての保育者と見なすことで，活動鼓舞したり，楽しさの同調できる具体的声かけや賞賛の方法を身につけていく。

*インタビューデータ1回目のストーリーラインである。
*アンダーラインは構成概念を示す。

3）ネットワーク化の際に，TEMの概念である「径路」「分岐点」「社会的方向付け：SD（Social Direction）」「社会的ガイド：SG（Social Guide）」「価値変容点：VTM（Value Transformation Moment）」がどれにあたるのか，また，発生の三層モデルの最上層（第三層：価値観），中間層（第二層：変容する層）最下層（第一層：日常行為）のどこにあたるのかを考慮しながら，プロセスを検討していった（図5-1，5-2参照）。

第３節　結果

サトミ先生のインタビューデータの分析の結果，彼女の１年間を次の３つの期にわけた。①とまどい期（４～７月），②試行錯誤期（８～12月），③１年目の達成期（１～３月）である。以下，それぞれの期ごとに，サトミ先生がどのような経験を積み，それがどのように自身の価値観へと影響を与えているのか，いないのかをみていきたい。

なお，ここで図5-1と5-2の見方について解説しておきたい。表は左から右へと時間が流れる非可逆的時間軸にそって，インタビューデータから得られた概念名が配置されている。上下は，上が保育士としての価値観の層であり，その下が中間層，その下が最下層で日常の保育行為レベルを表している。最も下の社会的文脈は，サトミ先生を取り囲む幼児や他の保育者の姿が記されている。

また，以下の文中の「　」は図中の概念名を，太字は重要な概念としての価値変容点を表している。

第１項　とまどい期：4-7月（図5-1参照）

とまどい期とは，サトミ先生が初めて公立保育園に勤務し始めた４月から７月ぐらいまでである。サトミ先生は，初めて保育士として就職し，初めての５歳児担任であった。まだ右も左もわからず，園のやり方なども全く未知

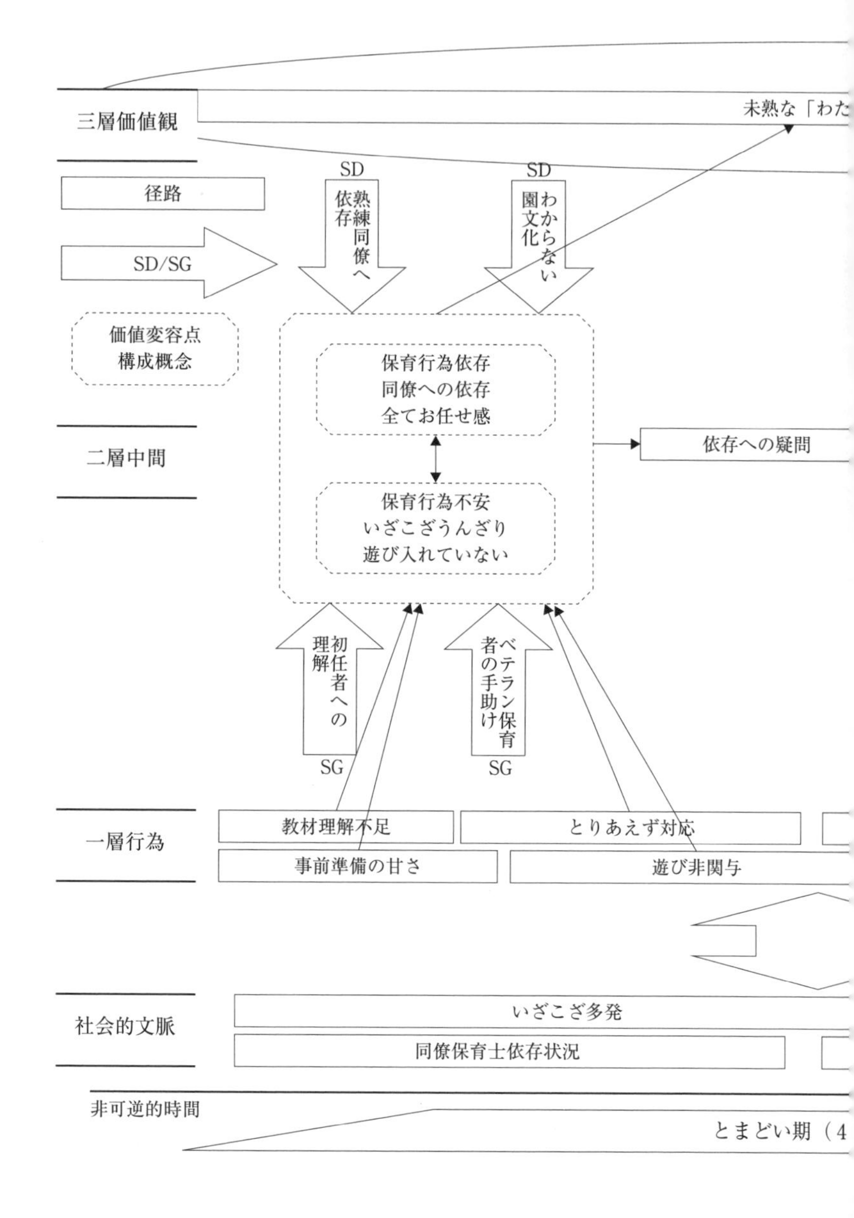
三層価値観
未熟な「わた
径路
SD
依存熟練同僚へ
SD
園文化わからない
SD/SG
価値変容点
構成概念
保育行為依存
同僚への依存
全てお任せ感
二層中間
依存への疑問
保育行為不安
いざこざうんざり
遊び入れていない
初任者への理解
SG
ベテラン保育者の手助け
SG
一層行為
教材理解不足
とりあえず対応
事前準備の甘さ
遊び非関与
社会的文脈
いざこざ多発
同僚保育士依存状況
非可逆的時間
とまどい期（4

図 5-1　サトミ先生の

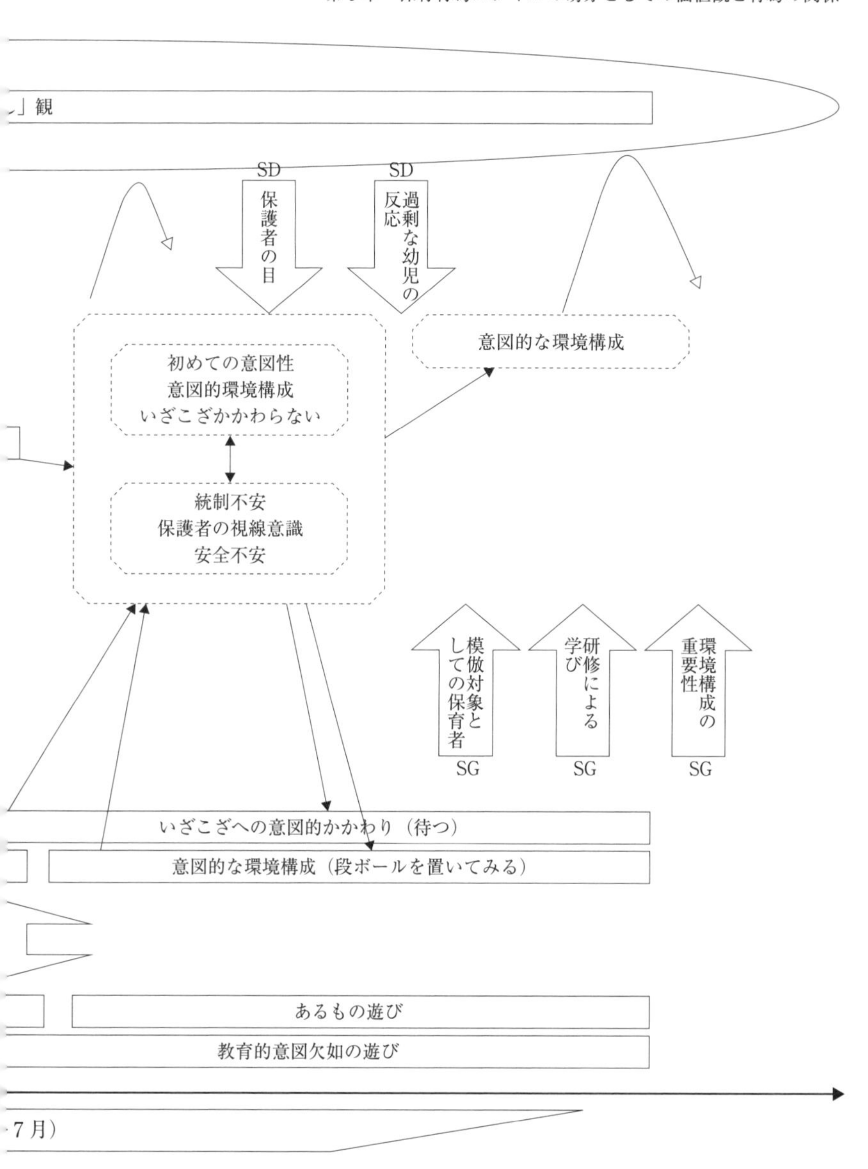

」観
SD
保護者の目
SD
過剰な幼児の反応
意図的な環境構成
初めての意図性
意図的環境構成
いざこざかかわらない
統制不安
保護者の視線意識
安全不安
模倣対象としての保育者
SG
研修による学び
SG
環境構成の重要性
SG
いざこざへの意図的かかわり（待つ）
意図的な環境構成（段ボールを置いてみる）
あるもの遊び
教育的意図欠如の遊び
7月）

TLMG（とまどい期）

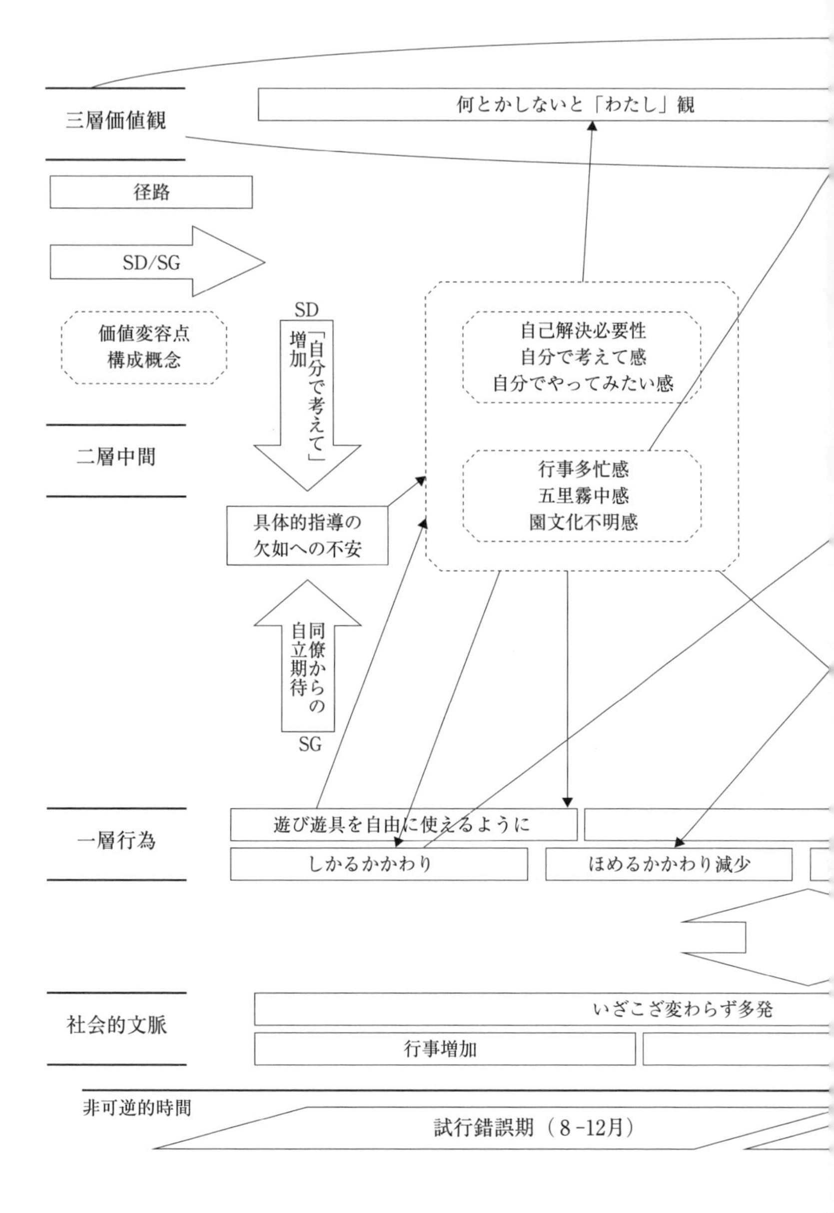
三層価値観
何とかしないと「わたし」観
径路
SD/SG
価値変容点
構成概念
SD
「自分で考えて」増加
自己解決必要性
自分で考えて感
自分でやってみたい感
二層中間
行事多忙感
五里霧中感
園文化不明感
具体的指導の欠如への不安
同僚からの自立期待
SG
一層行為
遊び遊具を自由に使えるように
しかるかかわり
ほめるかかわり減少
社会的文脈
いざこざ変わらず多発
行事増加
非可逆的時間
試行錯誤期（8 -12月）

図 5-2　サトミ先生の

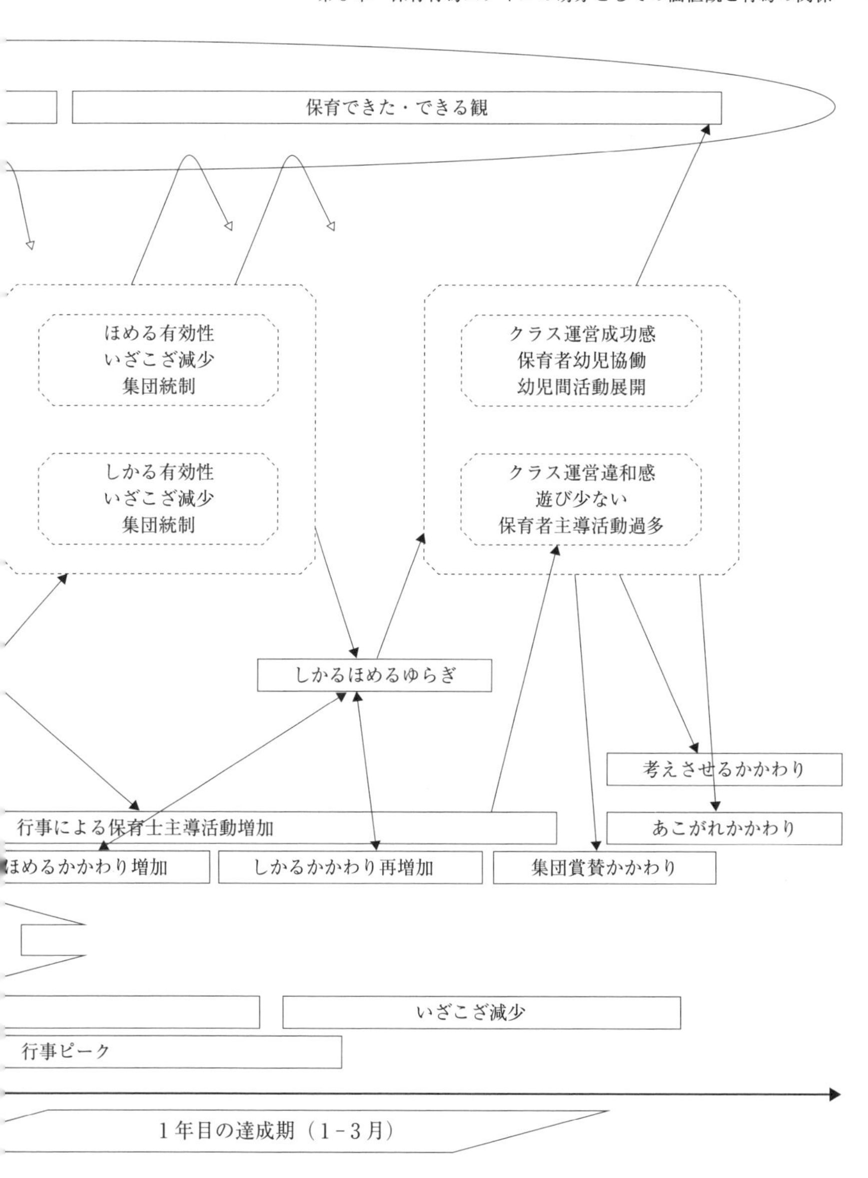

LMG（試行錯誤期・達成期）

な状態であり，サトミ先生自身から積極的に何かを行っていくことは難しく，受動的に保育を行っていた。よって，この期をとまどい期と命名した。

4月から始まった初めての5歳児クラス担任では，隣の同じ5歳児クラス担任がベテランの保育士であったため，指導計画や活動の手順など，ほとんどをベテランのB保育士に依存していた。従って，サトミ先生は「全てお任せ感」を抱き，B保育士という「同僚への依存」したまま，日々の保育を行っていた（保育行為依存）。

また，日常の保育は，とりあえず昨年度の環境構成をベースに，B保育士の指示通りに行う「無意図 的環境構成」を行い，幼児のいざこざについても，いざこざが発生すれば，そこに行き，何とかいざこざを収束させる「とりあえず対応」を行っていた（事例1参照）。

事例1（1回目インタビューより）
著者：（いざこざが発生した時）そのときはどうするの？
サトミ先生：そういうときはとりあえず止めて，今何がいけなかったって。
＊アンダーライン著者作成

初任であるがゆえか，クラス運営が上手くいかず，幼児のいざこざに対しては，「とりあえず対応」していた。このいざこざの多発については，この1年間，サトミ先生を悩ませ，同時にサトミ先生の成長を引き出していくきっかけとなるものであった。

日々の好きな遊びの時間についても，園として積極的にかかわっていかない雰囲気もあることから，幼児の遊びに積極的に入っていかず，幼児の安全確認的な役割ばかりが中心となり，「遊び非関与」の状態が続いていた。

このような中で，サトミ先生や就労当初，多発するいざこざに対して「いざこざうんざり」感を感じ，幼児の遊びに対しても「遊び入れていない」感を感じていた（保育行為不安）。よって，サトミ先生自身が保育士としてのアイデンティティを持つことができず，「未熟なわたし観」という自己に対する価値観を所有していた（事例２参照）。

事例２（１回目インタビューより）
サトミ先生：私何もできていないです，本当に。本当にお任せな感じで。たぶん，向こうの先生は年間でこうやって，こうみたいなものがあるので。入っていって。
＊アンダーライン著者作成

しかしながら，７月に入ってくると，サトミ先生も５歳児クラスの担任として徐々に慣れてきたこともあり，徐々にベテランＢ保育士に頼りっきりではいけないという「依存への疑問」が生じてくる。

クラスで生じているいざこざへの対応として，「とりあえず対応」ではなく，意図的に状況が落ち着くのを待つというかかわりを行うことを試み始めた。だが，この試みは，上手くいくこともあるが，上手くいかないこともあるという結果に終わってしまい，保育士としての手応えを十分に感じることができていないままであった。

また，クラス内での遊びの活発化を目指して，段ボールを置いてみるという意図的な環境構成を試みてもみた。この環境には幼児も関心を示し，遊びが盛り上がっていく。だが，同時に遊びが盛り上がりすぎて，幼児間のいざこざや怪我も起こるようになり，収拾がつかなくなった。同時に，この試みを行ったのがちょうど保育参観の前であったため，保護者の視線も気になってしまった。

事例３（１回目インタビューより）
サトミ先生：はい，あまりにも段ボールだった。スコッティって書いてあるんですね。それを出しておくのも見た目的にどうなのかなと思ってしまっちゃったんですね。

結果，初任保育者として初めて意図的に環境構成や保育行為を行ったのだが，保育士としての自信や手応えにはつながらなかった。

ここで発生の三層モデルの視点でこれらの保育者の価値観変容プロセスを

捉えていくと，いざこざやベテラン保育士依存という社会的状況の中で，保育士としての行為が十分に行えず（図 5-2 の一層），それらは保育行為依存や不安といった価値変容点を発生し，それは保育者としての未熟な自分という自身の価値観へと結びついていくプロセスが読み取れる。

次に，保育士としての自立を意識しはじめ，初任保育者として，初めて意図的な環境構成や保育行為を行おうとする価値変容点（初めての意図性）が発生し，待つかかわりを行ったり，段ボールを準備するなど試みた。だが，これは幼児集団が統制できなくなったり，保護者の視線を意識してしまうことから，サトミ先生の価値観を変容させるまでには至ってはいない。

ここで，「意図的な環境構成」が重要であることは学生時代に習得した知識として持っていると考えられるが，それがいわば自身の価値観として組み込まれていくには至っていないところが，サトミ先生のとまどい期の特徴としてあげられよう。

第 2 項　試行錯誤期：8-12月（図 5-2 参照）

夏休みが明けたころから，徐々に主任やＢ保育士からの「具体的指導の欠如への不安」を感じるようになる。この背景には，周囲からサトミ先生が自立できるようになってほしいという期待と，それゆえに「自分で考えて」という発言が増えてきているのだろうと思われる。

このような経験の蓄積は，サトミ先生に自己解決の必要性を感じさせ，「なんとかしないとわたし」という価値観を形成させていった。ここから，どのように幼児のいざこざを減少させて幼児集団をコントロールするか，ということと，増加する行事をどのようにこなしていくかが，サトミ先生の中心的な課題となっていったようである。

まず，いざこざに対しては，この頃から「しかる」ことが増えていった。

事例 4（6 回目インタビューより）

サトミ先生：(上手くいっているかいないか）よく分からないんですけど，最近，結構怒ることが多くて，私が。

このように，いざこざに対しては，「とりあえず対応」から非関与的かかわりを用いたりするものの，変わらずいざこざが頻発することから，クラスが落ち着いてほしいというぼんやりとした成長期待を持つようになった。そのために，いざこざを少なくしたいことから，徐々に「しかるかかわり」が多くなってくる。保育者が幼児に対してしかることについては，自身の理想的な保育士像とのギャップやこれまで受けてきた教育の中で，好ましくない行為として教えられていたため，しかることそれ自体について罪悪感があった。だが，しかることでいざこざが減少し，幼児集団の統制が可能になることから時にはしかることも大事だと気づく。

しかし，このようにしかるかかわりで，いざこざに対応していった結果，幼児に対してしかることが多くなってきたと自覚し，また，幼児が保育者との１対１対応から逃げるようになったこともあり，しかるだけではなく，ほめるかかわりを増やすようになる。

いざこざや集団活動の中で，幼児に対してしかることで対応するのか，ほめていくことで対応していくのか，そのバランスを取ることがサトミ先生にとって難しく，「しかるほめるゆらぎ」となっていた。日常の保育でいざこざが数多く発生して対応していく中で，ほめる有効性もしかる有効性もともに感じることができていた。だが，これはその時々の状況によって，上手くいくことといかないことがあり，サトミ先生にとって悩ましい状態を引き起こしていた。

そもそも，サトミ先生がいざこざに対応していく必要性を感じているのは，９月から運動会，発表会，クリスマス会と大きな行事が続く中で，５歳児はそれらの活動で中心的な役割を担うことも多く，保育者中心の活動が多くなっていったからである。１学期と異なり，２学期になると，園長先生や同僚保育士から自分でやっていけるようになってほしいという「自立期待」感を感じる中で，これまでの行事がどのように行われてきたのかがわからない「園文化不明感」や，その中で手探り状態で保育を行う「五里霧中感」を感じながら，園に行事が多い事への行事多忙感があった。

だが，これは単に否定的な意味ではなく，行事多忙感を感じながらも，「自分で考えて」いくことや「自分でやってみたい」という自己解決必要性として，保育者アイデンティティの萌芽でもあった。このように，多忙な行事の中で，それを自身が保育者として何とかこなしていくことに，差し迫られて「何とかしないとわたし」観という価値観が形成されるに至った。

以上のように，試行錯誤期においては，完全にB保育士や周囲にお任せ状態であったとまどい期とは異なり，自身で「なんとかしないと」という価値観が形成されていた。初任保育者のサトミ先生にとって，この時期最も重要な課題は，いざこざの減少と増加する行事を切り抜けることであった。いざこざの課題に対しては，ほめる，しかる両方の保育行為を行うことで対応していくのだが，それらを状況によって上手く使い分けることができず，次の「保育できた・できる」という価値観の形成にはなかなか至らなかった。

第3項　1年目の達成期：1-3月（図5-2参照）

1月を過ぎると，行事のピークも終わり，徐々に卒園に向けての意識が高くなってきた。このような中で，サトミ先生は，これまで漠然と「落ち着いてくれるようになればいい」と思っていた幼児に対して，徐々に「聴く力を身につける」という焦点化したねらいを持つようになり，それに向けて，保育行為を工夫するようになっていった（事例5参照）。

事例5（9回目インタビューより）
サトミ先生：お話を聞いているときに，何処かに視線を向けてもらいたいときにそういう合図というか，皆さんの何々を見ましょうかっていうのがあるんですけど，それをその対象を子どもにしたんですよ。何々ちゃんのって。そうすると，その子が姿勢を正すんですよ。他の子もそれを見て，次に自分にやってほしいから姿勢を正すようになるんですよ。それを最近見つけて。

このように，３学期になってくると，サトミ先生は，幼児とともに協働して活動することができるようになり（「保育者幼児協働」），それが展開できるようになっていった（「幼児間活動展開」）。これがサトミ先生のクラス運営成功感につながり，「保育できた・できる」観を形成するに至った。

事例６，７では，サトミ先生が自身のクラス運営に対しての「保育できた・できる」観を表している。

事例６（９回目インタビューより）
サトミ先生：何かもう，四月のときには全く何も分からなかったんですけど，だいぶ，子どもの集団を，視線を何処かに集めるとか，どういう姿勢をとってほしいのかを，一応，声を掛けて，まとめることができるようにはなったかなと思うんですけど。

事例７（10回目インタビューより）
サトミ先生：（略）子どもを放ったらかしにして，何かこっちでアワアワしてる時間があったというか（それが減った）。（略）話のネタも増え。場を繋ぐ話で「今日は何々の日で」とか（ができるようになった）。

ここでサトミ先生が得ている「保育できた・できる」観は，あくまで初任保育者としてのものであり，園長や主任，Ｂ保育士から見ると，十分なものではないだろう。しかし，１年間を通して５歳児クラスを運営することができた経験が次の年へとつながり，保育士としての力量を高めていくことになる。

サトミ先生もまた，本年度の反省として，幼児の好きな遊びが少ないこと，保育士主導の活動が多すぎたことに対しての違和感を感じ，次年度の課題として，手遊びの充実や見通しをもって保育にあたることをあげていた。

第４節　保育行為スタイルの萌芽としての行為と価値観の結び付き

本章は，初任保育士のサトミ先生に焦点をあて，彼女が１年間の保育を通して，自己の幼児へのかかわりや保育への振り返りから，「保育できる」価値観をどのように形成していくのか，そのプロセスを明らかにすることで，保育士の保育行為と価値観との関係性を明らかにしようとした。本研究から得られる知見は以下の通りである。

１）他者依存から自己解決への保育士価値観の形成と変容（三層の変容プロセス）

初任保育士であるサトミ先生は，その当初，何もできていないことから，Ｂ保育士へ依存しっぱなしであり，「未熟な保育者」観であったが，１年間の経験を経て，問題を自己解決してゆき，その中で「自分で何とかする」観から，「保育できた・できる」観へと変わっていった。

ここでは，サトミ先生の中心的な関心が，保育できていない自分から何とか保育できている自分へ，という保育者としての自分自身にあり，保育者としての自己を確立していきながらも，同時に，徐々に幼児の成長発達に対しての意識も高まり，かかわりや環境構成についても，様々な方法を試みながら，幼児集団の統制を行っていけるようになったプロセスが明らかとなった。

２）失敗と成功経験のゆらぎによる価値変容点（三層と二層の関係）

発生の三層モデルに基づいて，保育者の価値観－記号－日常行為を捉えたとき，日々の行為によって生起する中間層での成功感や失敗感を数多く感じている。この価値変容点は，日々の行為から感じうるものであるが，その全てがサトミ先生の価値観を変容させるわけではない。達成感や義務感，失敗感などの価値変容経験を経ながらも，保育者としての忙しさや保護者，同僚の視線によって，変容まで促されない。だが，幾度となくそのような中間層でのゆらぎを通して価値観が変容していくと考えられる。

3）二層のゆらぎと保育行為スタイルへ（二層と一層の関係）

日常の保育経験の中から，二層の価値変容点が生成されていくが，この二層のゆらぎは，日常の保育行為へと影響を与えていく。例えば，サトミ先生はしかることは望ましくないと考えつつも，集団統制の中でその必要性を感じ，しかるかかわりの有効性を認識する。だが，その後，しかることが多くなった自覚から，ほめる行為を増やしていき，しかるほめるゆらぎを感じるようになる。

このように見ていくと，二層のゆらぎは日常の保育行為の選択へと影響を与えていくが，この繰り返しの中で，１年の終わりには場面に応じた適切なかかわりがある程度，選択できるようになっていく。若年層の保育者は幼児の行動に対して反射的にかかわる「反応的スタイル」であることが明らかにされている（上田，2008）が，これを数年単位で繰り返していくことで，ある場面では適切にかかわれるようになる自身の保育行為スタイルが形成されていくのではないだろうか。

第５節　小括

本章では，TLMG に基づき，初任保育者のサトミ先生が１年間を通して，自分の保育できた観を獲得していくプロセスを明らかにした。その中で，日常保育の経験が，二層における価値変容点を生み出し，価値観と行為に影響を与えるダイナミズムを浮き彫りにした。その二層におけるゆらぎの繰り返しが，価値観を変容させていること，試行錯誤を通して適切解としての保育行為を探索し保育行為スタイルとして生成・維持していくことを明らかにした。

前章までで，TLMG に基づく保育行為スタイルは，その分岐点が中間層にあることが明らかとなっている。この中間層における記号は，保育者としての経験を蓄積していく中で生成され，自身にとって自明のものとなってくる。ある保育の様子から，保育者がどのような情報を拾い上げ，そこから何を読みとり，自身の価値観とどう反映しているのかという一連の径路は，保育経験の蓄積とともに，安定したものとなるだろう。これが保育行為スタイルが分岐していく過程であるが，一方，本章で見たように，初任保育者にとってみると，中間層で生成される記号に対して，それが自身の価値観とどう結び付くのか，また，それが行為としてどのようにフィードバックされるのかは，必ずしも定まっておらず，様々な形でゆらいでいる。これが初任保育者なりの葛藤となり，保育者としての未熟感を感じることになる。

しかし，少なくとも最初の１年間だけをみていっても，サトミ先生は，曲がりなりにも１年間を保育者として過ごすことができ，それが初任保育者なりの達成感に繋がっていた。この蓄積によって，ゆらいでいた径路が徐々に安定的になり，それが最終的に保育者としての価値観，保育行為を含めて，何らかの保育行為スタイルとなると考えられる。

以上のように，本章では，保育行為スタイルの萌芽として，保育行為としての最下層，記号としての中間層，価値観としての最上層との関係を初任保育者の１年間を対象として明らかにしてきた。

だが，本章は，特定の１人である１年目保育士を対象としたことで，その他の１年目（例えば乳児で複数担任など）は捨象した形になる。この点は本章の限界であろう。

第6章　主体的選択としての保育行為スタイル

第1節　本章の目的

第4章では，保育行為スタイルがどのような径路を辿ったうえで，分岐していくのかを明らかにした。そこでは，異なる保育行為スタイルの保育者が，同じような場面において異なる保育行為を選択する差異をTLMGの図を用いて表した。

第4章における課題として，一度，形成された保育行為スタイルが研修や何らかの経験を通して変容するのか否かが明確になっていないことがあげられる。そこで本章では，一度，生成された保育者の保育行為スタイルが日々の保育の中で変容しているのかに焦点を当てる。特に，日々の保育を見直していくことが推奨されるカンファレンスを通して，保育者の保育行為スタイルの変容／非変容に着目した。

よって，本章では幼稚園における保育カンファレンスでの幼稚園教諭の語りを対象として分析する。なぜなら，通常，カンファレンスの場は，保育者が自らの行為をふりかえり，それを改善・修正していくための「ゆさぶられ」「開かれた場」として考えられている（森上，1996）。だが，カンファレンスに求められているのはそのような機能だけではない。カンファレンスの場では，保育者が自分の保育行為を語ることによって，自分が子どもとの関係の中で瞬間的に判断し，行っている保育行為を言語化し，意味づける作業が行われている。この作業により，ふりかえりのプロセスが有識化され既知のものとなり，蓄積されていく。そして，この蓄積は保育行為スタイルとして個々人の違いを形成していくだろう。

従って，本章の目的は以下のように設定する。

1）三層モデルの中間層として，ふりかえりのプロセスを構造化すること。
2）幼稚園教諭はカンファレンスを通して，自らのスタイルを修正・適応する方向に向かうのか，踏襲する方向に向かうのかを明らかにすること。
3）異なる保育行為スタイルの教諭のふりかえりプロセスは，どのように異なるのかを示すこと。

以上の問題を明らかにすることは，その幼稚園教諭の行為に至る選択と意志決定を構造化することである。可視化された現象としての保育行為だけではなく，その保育行為に影響を与える深層構造を解明することで，保育者の専門性の一端に寄与すると考える。

第2節　方法

第1項　本章の研究協力園・協力者について

本章の研究協力園は，第3章の問い2と同じく，M県の公立幼稚園である。当該幼稚園は，市内中心部に位置している小規模の幼稚園である（観察当時，園児数161名。年少24名，年中68名，年長69名）。また，協力対象の教諭も第3章と同じくX教諭とY教諭である。X教諭（女性・42歳：観察時）は幼稚園教諭としては3年目であり，それ以前に15年間，小学校教諭としての経験がある。Y教諭（男性・32歳：観察時）は幼稚園教諭8年目である。

第2項　観察方法について

観察方法についても，第3章と同じく，研究者がビデオカメラを持って行き，後述する対象の教諭と幼児の相互作用の場面を録画していった。この際には，事前に研究の目的と方法，及びビデオの視聴は研究者のみが行うこと，ビデオを録画されたものを公表するときには許諾を得ることなどの注意事項を説明し，幼稚園から許諾を受けて行った。

観察は，同じ幼稚園に勤務する二人の保育者を対象としたため，15分を基本単位としながら，二つのクラスを行き来し，観察・録画を行った。ただし，場面が継続しているときなどはそのまま録画を続けるなど，フレキシブルに対応した。

ここで録画したデータはエピソードごとにまとめられ，後日文字化された。

第３項　カンファレンスについて

また，その観察中に３回（2005年12月，2006年２月，３月にそれぞれ１回。１回につき約２時間），特徴的な場面について，筆者・園長・Ｘ教諭・Ｙ教諭とでカンファレンスを行った。カンファレンスでは，筆者が事前にそれまでの観察データから二人の保育場面を選択し，それを視聴した後に場面についてのかかわりの意図や解釈について，自由に話し合い，検討を進めた。カンファレンスは，参加者の許可を得て録音し，文字化された。

第４項　分析方法について

分析は，前章までと同じく TEM を用いた。

保育におけるふりかえりとは，保育の中で瞬間的に対応したかかわりを意味づけていくことでもある。それは語ることによって可視化され構造化されていくともいえよう。無数にある日常の保育場面に対するふりかえりには，多数の径路が存在し，等至点へと至っていくだろう。そのプロセスを明らかにしてくためには，TEM がきわめて有効な分析方法である。TEM におけるそれぞれの用語の意味と，本章における意味を表6-1に記す。

本章における TEM の分析手順は次のように行った。

表 6-1　TEM 理論の基本概念の説明及び本章における意味

基本概念	内容	本章における意味
社会的方向付け：SD (Social Direction) 社会的ガイダンス：SG (Social Guidance)	選択肢における個人の選択に有形無形に影響を及ぼす力を象徴的に表すもの（特に肯定的なものをSG, 否定的なものをSD）とする	保育者が実践を行う際に影響を受ける園の方針や環境，また，カンファレンスにおける園長からのさまざまな評価
必須通過点：OPP (Obligatory PassagePoint)	論理的・制度的・慣習的にほとんどの人が経験せざるを得ない点	保育実践の記録を視聴すること，その評価を行うこと
分岐点：BFP (Bifucation Point)	ある経験において，実現可能な複数の径路が用意されている状態の地点	保育者の課題に対する捉え方や展開の可能性を考えること
等至点：EFP (Eruifinality Point)	多様な経験の径路がいったん収束する地点。等至点は一つではなく，それと対になり得る補集合的な等至点のことを「両極化した等至点 (P-EFP: Polarized EFP)」という	保育者は実践を振り返りながら，これまでの保育行為スタイルを踏襲する（等至点)。また，これまでとは異なる援助方法を実践しようとしていく（両極化した等至点）

カンファレンスデータから，(1) どの場面について話しているのかという視点からエピソードごとに分割した。また，それぞれ発話者及び発話内容に従って，コーディングが可能なように切片化を行った。ここでは，合計518枚のデータとなった（1回目カンファレンス・255，2回目カンファレンス・153，3回目カンファレンス110)。(2) 得られたデータから，異なるスタイルを所有するX教諭とY教諭の発話を対象とし，話されている内容を端的に表すようなコーディングを行った（定性コーディング)。ここで，X教諭の発話71枚，Y教諭の発話108枚の合計179枚のカードが作成された2)。(3) このカードをもとに，エピソードごとに話の内容及び展開を時系列にそって配置していった。(4) 時系列に配置されたカードを類似した内容ごとに分類し，それぞれにラベル（概念）をつけ抽象度を高めるとともに（焦点化コーディング)，内容の関係性についてネットワーク化を行った。(5) TEMの概念である「等

至点」「分岐点」「必須通過点」などがどのラベルになるのかを考慮しながら，語りのプロセスを検討していった。その際にローデータとコーディングやラベルの名称を往還的に検討することで，説明性や妥当性を確認した。(6) ラベルを用いて全体を表す TEM 図を作成するとともに，俯瞰的に検討することで，データからは現れてこないが制度的・理論的に存在すると考えられる選択や径路について，その可能性を検討した。

なお，本研究におけるデータの妥当性・信頼性について述べておく。質的研究において，定量的方法論における評価的概念はなじみにくい。質的研究においてその信頼性を明示する方法として，①分析プロセスの開示や②理論的飽和があげられる（木下，2003）。よって本研究においても，分析プロセスを開示した（表 6-2）。またカンファレンスで視聴し検討した保育場面数は，16場面であったことから，径路に対して一定の理論的飽和を満たしたと考える。

第3節　カンファレンスにおけるふりかえりプロセス

第1項　ふりかえりプロセス

前述した表 6-2 はカンファレンスでのけんか場面のふりかえりプロセスである。ここでは，Y教諭が女児AとBを中心としたけんかに対する確認から，自らの援助への評価と課題を語り，X教諭から異なる方略が提示されていくというプロセスであった。

この一つの場面のふりかえりプロセスを重ねあわせ複線径路として，図式化したものが，図 6-1 である。

図 6-1 の上部に記しているように，保育実践における２人の教諭のふりかえりのプロセスは，A：保育記録の視聴→B：状況の確認→C：かかわりの評価→D：課題の発見→E：展開の可能性という形で進んでいった。ここで

表 6-2　いざこざ場面

発話者	発話
Y	やっぱり家庭もある。子どもではどうしてもかなわないような怒られ方をするので，そこら辺が溜まったまま，幼稚園に来る。
Y	女児Bちゃんとけんかする。そのときには，また女児Aちゃんが思いが強くて，一方的に言ってしまう。女児Bちゃんが「もういい」と言って，アクセサリー屋を出て行く。でも，Aちゃんは「ケーキを作るのが上手いので帰ってきて欲しい」と泣きながら言う。でも，自分がきつく言った手前，帰ってきてくれないと思っている。そこで，「きつく言ったのは嫌だと思うけど，上手なのは分かるから，上手なBちゃんがいないと困る，だから帰ってきてって言えば，帰ってくる気になるんじゃない」って言ったら，言いに行きましたけど。
Y	Aちゃんはこだわりが強いから，毎日その繰り返しです。常に壁にあたって超えていかなければいけない性格。それが体でぶつかり合って，怪我することはなくなりましたけど。
X	今日，ずっと「あれを作ってくれない」って泣いていたけど。「言ってみてごらん」って言ったら，言っていたけど。
Y	でもまあ，グループで進めたりとか，全体的に一つのお店屋さんという，まとまったイメージで進んでいくことができてきた分，小さなクラスとは別の関わりが必要になってきますね。そこで，浮いてしまう子がどうしてもいる。
Y	その子達に輪の中に入っていけるように，他の子も気づけるような状況になればいいなと思いますけど。
Y	自分が友達に正直に接する分，友達にもそれに見合った物を返して欲しいという思いがある子なので，どちらかというと本音でまっすぐな形が多い。それは付き合い方だとは思いますが，子どもの場合はそのときの気持ちとか，大人みたいに約束の上で動いていくわけではない。そういうところで，自分がちょっと裏切られた感じを抱くことが多いのではないかと思う。そのときに（Aちゃんは）ちょっと気分転換するのが難しいので，トラブルも多くなる。本人もそこはしんどいところがある。そういうところで，まだまだ納得いかないことが多いからそうなる。納得できないことは，前々のことも積み重なって言っていると思う。その時は嫌なことがなくても，前のことを持ち出してきて，言ったりするので，それが他の子どもたちにも緒を引いてしまう。その辺が上手く回っていない。でも，手が出なくなったので，その点はこの子なりの成長ですよね。
Y	それはもう凄かった。そのときは噛む，突く，引っ掻くのはほとんど毎日。それをどう防ぐかに苦労していましたけど。
X	ちょっとまとめすぎている。
Y	あの時本当に時間が気になっていたんですよ。もう始まったのが10時50分でしょ。もう本当は片付けが始まっている時間なので，片付けの時間だよというのは言いたい。でも，それでどこまで子どもたちが納得できるかなと。本当に時間とせめぎ合いながら話していた。
X	私だったら，両方の思いを出させてあげて，場所が無いからしかたないよって。

)ふりかえりの例

定性コーディング	焦点化コーディング	ラベル（概念）
女児Aは家庭環境要因もある。	幼児の過去の状況	A1これまでの保育
女児Bと女児Aの思い。けんかしたけれど，帰って来て欲しい女児A。	実践の状況説明	OPP 保育記録の視聴
思いの強い女児A	実践の状況説明	OPP 保育記録の視聴
言ってみてごらん，って言った	実践における自分の援助	B2どのように援助したのか？
全体的な活動が進むと浮いた子をどうすればいいのか。	他児をどうするか？	D2援助方法に関する課題
他の子が気づくようにしたい。	子どもへの願い	D4幼児へ成長してほしい願い
女児Aは，本音で動くぶん，他の子とけんかになることが多い。最近は，手が出なくなり，これは成長だろう。	特定の子どもへの肯定的評価	C4子どもへの肯定的評価
以前の女児Aは，手が出ることが多かった。	特定の子どもへの否定的評価	C5子どもへの否定的評価
けんかをまとめすぎているA教諭。	自分の援助への課題	D2援助方法に関する課題
けんかの中で，様子を見た方がいいか，お片付けをさせるために，入った方がいいか。	どう入るべきか？	D2援助方法に関する課題
自分だったら，思いを出させて，あきらめさせる。	自分ならこうする	E3異なるスタイルからの提案

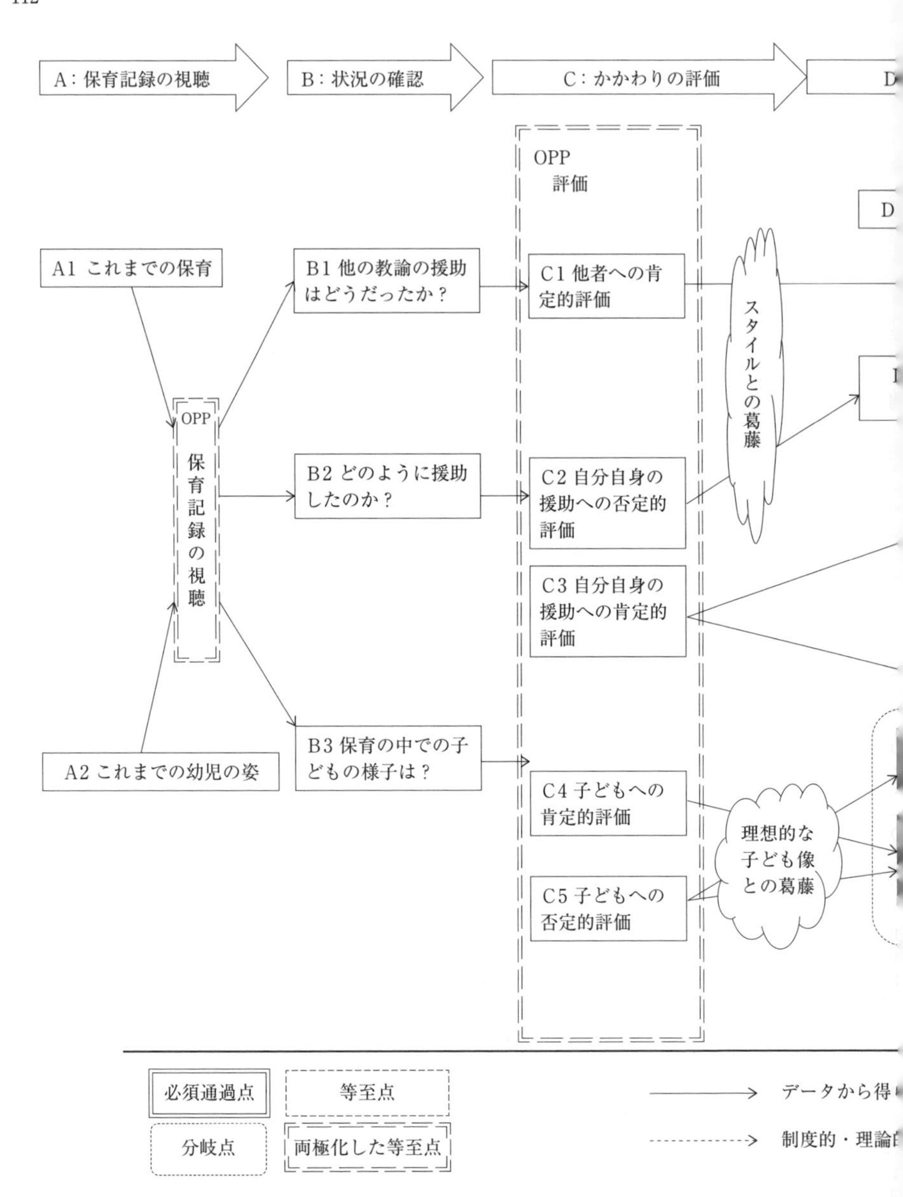

A：保育記録の視聴
B：状況の確認
C：かかわりの評価
OPP
評価
A1 これまでの保育
B1 他の教諭の援助はどうだったか？
C1 他者への肯定的評価
スタイルとの葛藤
OPP
保育記録の視聴
B2 どのように援助したのか？
C2 自分自身の援助への否定的評価
C3 自分自身の援助への肯定的評価
B3 保育の中での子どもの様子は？
A2 これまでの幼児の姿
C4 子どもへの肯定的評価
理想的な子ども像との葛藤
C5 子どもへの否定的評価
必須通過点
等至点
分岐点
両極化した等至点

図 6-1　二人の保育

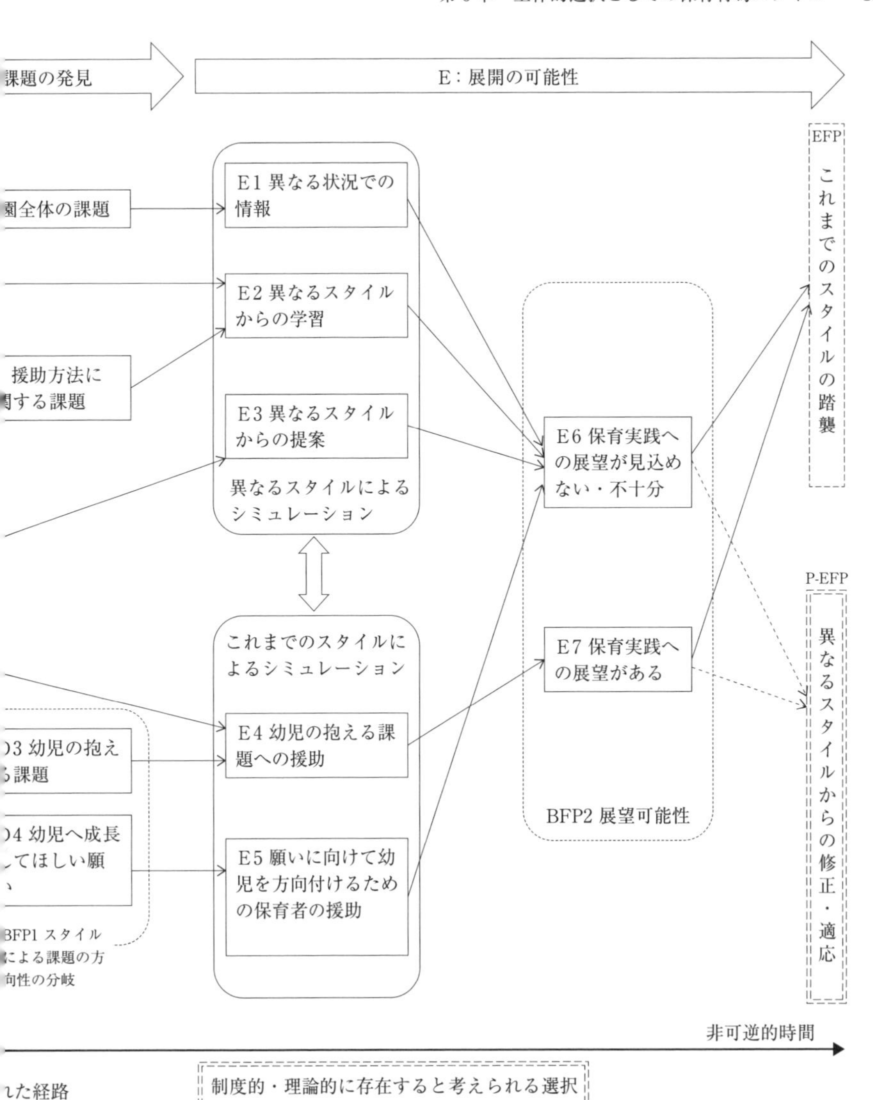
課題の発見
E：展開の可能性
EFP
これまでのスタイルの踏襲
園全体の課題
E1 異なる状況での情報
E2 異なるスタイルからの学習
援助方法に関する課題
E3 異なるスタイルからの提案
異なるスタイルによるシミュレーション
E6 保育実践への展望が見込めない・不十分
P-EFP
異なるスタイルからの修正・適応
これまでのスタイルによるシミュレーション
E7 保育実践への展望がある
E4 幼児の抱える課題への援助
D3 幼児の抱える課題
D4 幼児へ成長してほしい願い
E5 願いに向けて幼児を方向付けるための保育者の援助
BFP2 展望可能性
BFP1 スタイルによる課題の方向性の分岐
非可逆的時間
れた経路
制度的・理論的に存在すると考えられる選択
に存在すると考えられる径路

のふりかえりプロセス

は便宜上，A～Eとして，5つのフェーズに分けた。以下，それぞれについて，事例を交えながら解説していく。なお，それぞれのラベルにおける代表的な発話について，表6-3に記す。

本研究でのカンファレンスにおける園長の位置付けについて記しておく。カンファレンスの場において，園長の存在及び発言は，教諭にとって重要な存在となる。それは，一定のプレッシャーを与える存在であるとともに，励まし，理解を促していく存在でもある。TEMでは，プレッシャーを与える方向を「社会的方向付け」，励ましていく方向を「社会的ガイダンス」としている。本研究においても，園長の存在はその両方の方向付けとして考えられる。それはカンファレンス全体を通して方向付けが働いていると考えられるが，対象をX教諭とY教諭としているため，ここでは図6-1から除いている。

1）フェーズA：記録の視聴

本章におけるカンファレンスでは，それまでの保育を筆者が観察し，データとしてまとめたものを題材としながら，話し合うという手順で行われている。このような経緯から，ふりかえりの切り口としては，その時何が起こったのかという実践についての説明から入っている。従って，ここでは必須通過点（OPP）として「保育記録の視聴」を設定した。起点となる実践記録の視聴では，それまでの経緯として，「A1 これまでの保育」「A2 これまでの幼児の姿」が説明される（表6-3フェーズA参照）。

従って，フェーズAには，実践された保育と共に，その実践から想起されるこれまでの幼児の姿やその実践に至るまでの保育の経緯が浮かび上がってくることが示されている。

2）フェーズB：状況の確認

フェーズBでは，その実践から付随的に連想される状況の確認が行われる。

表6-3　各フェーズにおける発話の例

フェーズA：保育記録の視聴

場面	ラベル	発話者	発話
けんか	A1これまでの保育	Y	Y美は年中の頃も自分が担当していた。
けんか	A2これまでの幼児の姿	Y	そのころから自分の気持ちがコントロールできていない。
けんか	OPP 保育記録の視聴	Y	（Y美は）自分がきつく言った手前，（友達が）帰ってきてくれないと思って。でも，そのきつく言ったのはいやだと思うけど，上手なのはわかるから，そういう上手なY子の部分が無いと困る，だから帰ってきてって言えば，帰ってくる気になるんじゃないって言った。

フェーズB：状況の確認

場面	ラベル	発話者	発話
お片付け	B1他の教諭の援助はどうだったか？	Y	（X保育者は）設定した時間までにできる？　できないかもしれないな，という投げかけ。
お片付け	B2どのように援助したのか？	X	（自分は）そこまでには無理だよね～？　って（言った）。
お片付け	B3保育の中での子どもの様子は？	Y	呪文を唱えて，いし，みたいなのがあるんですよ。遊びで。それになっている。

フェーズC：かかわりの評価

場面	ラベル	発話者	発話
お片付け	C1他者への肯定的評価	X	（Y保育者は）すごい忍耐強いね。あれだけ厳しい（状況で）。
お片付け	C2自分自身の援助への否定的評価	Y	僕は無駄に考える時間をとっている。そこはもう素直にこうさせてやれよ，というのも，考えさせているのはあるかもしれない。
お片付け	C3自分自身の援助への肯定的評価	X	やっぱり遊び。いっぱい集めてやったら，みんなで楽しい。片付けっていうと，なかなかできないから。
お片付け	C4子どもへの肯定的評価	X	（子どもたちは）いま集中してみていましたね。
お片付け	C5子どもへの否定的評価	Y	うちのクラスは動きませんからね。

フェーズD：課題の発見

場面	ラベル	発話者	発話
けんか	D1園全体の課題	Y	（泣いている子がいたら声をかけるような年長になるためには，年少の時までに）そういう積み重ねや働きかけを。

			それが今の時点になって理解できたり，自分の形になって出していけるという経験になっていくと思う。だから，そのときだけ言っても，僕は難しいと思う。
けんか	D2援助方法に関する課題	X	もうちょっと，子どもに投げかけてもいいかなと。なんか今年はいざこざが起きたときに助けを呼びに行く。周りの子どもがどうしたっていうより。結局，いざこざが起きているときに自分たちがどうするというよりも，先生に。こっちが何かしているときに，こられると，どうして泣いているのか聞いてごらんとか。誰々が泣いている，というだけではなく，どうして泣いているのか聞いてみてごらん。と，投げ返すといい。そのまま教師が行ってしまうと，先生にいえばいいとなってしまう。
けんか	D2援助方法に関する課題	Y	そこが自分としても，最終的に押しつけみたいなところが出てきてしまうので，それはいけないので，こうしたいと言ったときも，友達がいやって言うこともあるからね，という話もしたりするんですけど。
お片付け	D3幼児の抱える課題	X	月曜日は片付きませんね。なかなか。月曜日はみんなそう。
けんか	D4幼児へ成長してほしい願い	Y	ただ，気持ちを出し切る機会だし，それこそがりってやることはないので，僕はこうお互いが気持ちが切り替わる瞬間があるのかなってずっとみていた。

フェーズE：展開の可能性

場面	ラベル	発話者	発話
お片付け	E1異なる園の情報	X	小学校だと，音楽を鳴らしたら，その間はお片付けとか。毎回いわなくても，音楽がなったら，片付けるようになる。
けんか	E2異なるスタイルからの学習	Y	どうしようかなというのもあるんですけどね。入るべきかな，と。（X保育者のように）こんこんと話すときもありますけどね。それはでも自分でもやりすぎみたいな。
けんか	E3異なるスタイルからの提案	X	わたしだったら，両方の思いを出させてあげて，場所がないからしかたないよって（言うだろう）。
お片付け	E4幼児の抱える課題への援助	X	やらない子には，もう積み木で遊べなくなるよって，ささやく（笑）。認めるという方向で。怒るのではなく，きちんとしないことはしないといけない。
お片付け	E5願いに向けて幼児を方向づけるための援助	Y	どうやったら他の子どもたちも言いやすいかとか何かお客さんがいるとしたら，楽しく伝わっていくかというのを投げかけていっている。
援助について	E6保育実践への展望が見込めない・不十分	Y	こちらから伝えていったりすることが，よけい子どもたちにとってみたら，やらされていると感じるということもある。言い方は悪いですが，威圧的な形に提示したときに子どもたちはもろにやらされていると思う。
けんか	E7保育実践への展望がある	Y	子どもたちが，具体的な遊びをこうしようというのがあるわけではないので，遊びに入って，一緒につくっていった方がいいんじゃないかと（思う）。

特に今回，異なるスタイルの2名の教諭とカンファレンスを行っているため，同じような状況でもう一人の教諭はどのように援助を行ったのかという「B1 他の教諭の援助はどうだったか？」や，自分はどのように援助したのかという「B2 どのように援助したのか？」，その中で「B3 保育の中での子どもの様子は？」という3つの視点からの状況の確認が行われている（表6-3 フェーズB参照）。

3）C：かかわりの評価

フェーズCでは，自分たちの行った保育に対しての評価が行われる。この評価は，フェーズBで表れてきた視点に対して肯定的及び否定的な視点で語られる。実践記録に対して，何らかの評価は必ず行われるため，ここでは必須通過点として設定した。これは単純に一つの事例について，一つの評価が浮かび上がってくるのではなく，話し合いながら最終的に現れてきた評価という意味である。カンファレンスの始めでは否定的評価であったものが，肯定的なものへと変わっていくものもあり，これらを包括する必要があったからである。

上述のフェーズA及びBについては，二人の教諭間で大きな違いはなかった。どちらの教諭も，過去の保育や幼児の姿から，保育実践を行い，自分はどう援助したのか，その時の子どもの様子はどうだったのか，他の教諭はどのように行ったのかという視点で語っていた。だが，フェーズCの評価から，保育行為スタイル間の差異が現れてくる。

カンファレンスでは他者の保育に対しては，否定的な評価を行うことはなかった。少人数による対話で他者の保育行為に対して否定的な評価を行い得るのは，園長や主任など組織における上下関係がある場合であり，教諭同士では否定的に捉えにくいということであろう。この点については保育行為スタイルによる違いはない。

一方，自分自身への評価（C2，C3）では，指導的保育行為スタイルである

X教諭は自らの援助を肯定的にも否定的にも捉えているのに対し，応答的保育行為スタイルであるY教諭は，自らの援助を否定的に捉えている（C3にはY教諭の語りは存在しない）。幼児への評価については，二人とも肯定的・否定的両方の面で捉えている（C4，C5）。

カンファレンスの中で，Y教諭の保育の巧みさは，X教諭，園長からも認められている（表6-3 C1参照）。だが，Y教諭は自らの実践を厳しく評価する。これは発生の三層モデルとして保育行為スタイルを捉えたとき，X教諭の保育行為を知ることで，中間層がゆらいでおり，それが否定的な発言へとつながっていったと考えられる。

4）フェーズD：課題の発見

自らの保育に評価を行うと，次に何が問題だったのかという課題の発見が行われる。これがフェーズDである。

フェーズDでは，自分自身の援助に対する評価から，自分の「スタイルとの葛藤」が出現する。それが「D2援助方法に関する課題」として，表6-3にあるように，「もう少し自分は子どもに対して投げかける方がいい」「自分が押しつけみたいなところがでてきてしまう」などの発話に繋がっていく。

また，自分の課題だけではなく，保育方針など園全体の課題として捉えていくケースもある（D1）。

幼児の評価に対しても，葛藤状況が生まれている。ここにも保育行為スタイル間の違いが現れている。X教諭は，今の幼児に何が出来ていないのか，何が課題なのかという「D3幼児の抱える課題」という視点で捉えている。例えば，「全体での遊びのおもしろさを感じることが難しい」「遊びがみつかりにくい。失敗を恐れている」「いつも先生の所に来るのではなく，くじける経験も必要」など，課題や必要性を語る。一方，Y教諭は，「遊びの進め方をひとりずつ意識して欲しい」「トラブルの時に自分たちで解決できるような力が欲しい」などの希望や願望で語っている。よってこれは理想像としての幼児の姿があり，そちらに向かって欲しいという「D4 幼児へ成長してほしい願い」とした。

つまり，ここでは同じ葛藤があるにしても，一方は出来ていない幼児をできるように引き上げていく到達課題として，一方はこうあってほしい方向課題としての違いが現れているといえよう。従って，ここでは分岐点として，「BFP1 スタイルによる課題の方向性の分岐」とした。このような課題の発見を踏まえて，課題にどう対応していくのかというシミュレーションを行っていく。

5）フェーズE：展開の可能性

フェーズEでは，課題にどう対応したらよいのかという段階である。ここでは対応方針を明確に決めることを目的としているのではなく，ああでもないこうでもないと試行錯誤するシミュレーションとしての機能を有している。

まず，教諭自身の援助方法に対する課題に対して，異なるスタイルの教諭からの提案（E3）や，ビデオ視聴から異なる方法の学習（E2）がある。また，小学校ではこうする，他の園ではこうだったという「E1 異なる状況での情報」も踏まえて，自分はあまり使用しない援助方法で，課題への対応が可能かどうかを検討していくのである。このようなシミュレーションによって，実際に自分が保育実践を行った時，実現可能かどうかの展望という分岐点が現れてくる（BFP2 展望可能性）。異なるスタイルの教諭の保育を自らに当てはめて検討し，展望が見込めない・不十分だと認識すれば，これまでのスタイルを踏襲する（EFP）。また，本研究で径路は現れなかったが，理論的に存在する選択として，展望がある場合には「異なるスタイルからの修正・適応」（P-EFP）が考えられる。

また，幼児への課題に対しては，D3 及び D4 で現れた課題に対して，E4 及び E5 のように援助していくことを述べている。フェーズDで述べたように，X教諭は到達課題に着目しているからこそ，自らのこれまでのスタイルを行うことで，その課題がクリアされると考え，結果，これまでのスタイルが踏襲される。また，Y教諭は方向課題であり，それは到達できそうもないという否定的展望を招き，結果，同じようにこれまでのスタイルが踏襲される。つまり，BFP1での分岐からそれぞれ異なる径路をたどるものの，最終的にはスタイルを踏襲する方向へと結び付いている。

ここまで，スタイルが踏襲されることを述べてきたが，最後にこのようなふりかえりがどのように実践に結び付いていったかをみていきたい。

本カンファレンスの後，Y教諭はX教諭のかかわりを参考としてスタイルの修正を試みた。Y教諭は幼児に対して片付けを促す際に，X教諭と同じように「もうこれだとお片付けできないよね～」と言葉がけを行う。だが，このようなY教諭のかかわりは，観察データの中で，カンファレンス直後の観察時のみにしか，このような方法は観察されなかった。このことは，安易に他の教諭のかかわりを実施しても，自らの価値観（最上層）と合わず，結果として行動されなくなった可能性を示唆しているといえよう。

第4節　「変わらない」変化としての保育行為スタイル

第1項　ふりかえりからみる保育行為スタイル

保育実践を想起しながら，話し合いを行っていくプロセスは，大きく「保育記録の視聴」→「状況の確認」→「かかわりの評価」→「課題の発見」→「展開の可能性」というフェーズを経て進行していくことが明らかとなった。

本研究のカンファレンスと同じように，多くの場合，実践を発端として対話がなされるであろう。近年，教育現場においてもPDCAサイクルの導入が求められ（例えば，Benesse教育研究開発センター，2006など），それを踏まえた上で保育では，幼児理解から始まることが求められている（豊田・榊原，

2013；小田・中坪，2009)。

本研究で明らかになったこのプロセスも，実践（Do）から，ふりかえり・課題の発見（Check），展開可能性の検討（Action）へと繋がっていくことが確認された。だが，保育行為スタイルという視点からは，展開可能性を検討していっても，自らの保育援助については，スタイルが踏襲されることに繋がっていくことが明らかとなった。

第2項　「変わらない」ことを選択し続けている変化としての保育行為スタイル

このように二人の教諭のふりかえりから，それぞれの保育行為スタイルが踏襲されることが明らかとなった。つまり，カンファレンスの場を設け，お互いの保育実践について話し合うことでは，スタイルの変化が起こらなかったといえよう。しかし，これは否定的に評価されることではない。

二人の教諭は少なくとも中堅と呼ばれる経験年数である。一定程度の年数を経験している教諭がふりかえりの中で辿るプロセスは，語ることによる自らの行為の意味づけ・確認でもある。このことは，幼稚園教諭としてのアイデンティティや専門的見方が確固として形成されていることに他ならない。この部分が簡単にゆらぐことは，むしろ初任者に多いと予測される。これは，上田（2008）の研究においても，経験年数の浅い保育者が反応的であり，3つの保育行為スタイルに分化すると示唆されていたが，このことを裏付けていよう。つまり，保育行為スタイルは，保育経験の蓄積によって徐々に形成されると考えられるだろう。従って，保育行為スタイルが踏襲されるプロセスは，自らの専門家としての核が形成されていることでもある。

さらに加えて述べるなら，このような保育行為スタイルの維持は，全く変わらないことを意味しているのではない。従来の保育行為スタイル研究では，アンケートや行動評定を用いて分類していたため，保育行為スタイルは価値観に近い固定的なものとして捉えられていた。だが，本章の知見からは，様々な径路を辿った結果，中間層でゆらぎつつも変わらないことを選択していることが明らかとなった。これは，言い換えるならば，「変わらない」ことを維持し続ける変化である。今後の課題ではあるが，「変わらない」ことを維持し続けている変化の中で，「変わる」ポイント（分岐点や必須通過点）を明らかにしていく必要がある。

第3項　保育行為スタイルの差異

二人の教諭の保育行為スタイルの違いとして，分岐点（BFP1）が現れてきた。このような違いには，個々の教諭の性格，職務歴などの背景が強く影響している。例えば，X教諭は小学校教諭の経験がある。この経験が，到達課題としての幼児の姿の捉えに影響を与えていると考えられる。また，Y教諭が方向課題としての幼児の姿を捉えることは，性格やこれまでの公開保育やカンファレンス経験などが影響しているのかもしれない。

だが，ここで重要なことはこれらの影響要因を特定することではない。個人に影響を与える要因は無数にあるからだ。しかし三層モデルとして保育行為スタイルを捉えるとき，多様な径路を辿ってきた個人が通過する一定のポイントや径路がある。人間は，多様な選択肢の中である行為（径路）を選択することで非可逆的時間を生きている。その行為の選択には，それまでの選択が色濃く反映しており，その反映は個々人によって異なっている。同時にその選択には様々な制約を受けた結果として共通する分岐点や通過点が存在している。それらを明らかにしていくことで保育者の専門性に寄与できるだろう。

第5節　小括

本研究は，二人の幼稚園教諭のふりかえりにおける語りを対象として，保育行為スタイルという視点からそのプロセスを明らかにした。

保育行為スタイルとは，これまで教育場面における教師の「個々人のアプローチの特性」（Hayers, 1989）として捉えられてきた。その結果，価値観との区別が曖昧のまま使用され，また，行動特性の視点からのみで分類されてきたため，十分な研究がなされてきていなかったといえよう。

しかし，同じような保育場面で個々の幼稚園教諭が異なるかかわりをすることは，経験的にも理解される。この違いを捉えるために，ヴァルシナーの理論を用いて保育行為スタイルを三層モデルの中間層として再定義した。これによって保育行為スタイルとは，単なる行動特性に基づいた閉鎖的な分類指標ではなく，それまでの人生や幼稚園教諭としての経験，社会的状況に基づいて，ある個人が多様な径路を選択してきた蓄積によって，構築された開放的なシステムとして考えることができる。

このような視点から，本研究における二人の教諭の語りは，保育行為スタイルの異なる径路の存在と，それが専門性として確立されているために「変わらない」ことを選択し維持していることを明らかにした。

終章　総合考察

第1節　前章までの要約

本研究の目的は，発生の三層モデル（Three Layers Model of Genesis：以下，TLMG）を手がかりに保育行為と価値観の関係を捉えることで，保育行為スタイルがどのように生成・維持されているのかを明らかにした。

第1章では，保育行為スタイルに関する概念整理を行った。本研究で用いている保育行為スタイルは，ティーチング・スタイル研究の流れを組むが，従来のティーチング・スタイル研究では，パーソナリティとしての価値観と取り替え可能な指導方法という2つのレベルで混在したまま取り扱われていることにあった。これらの課題は，保育者を対象とした保育行為スタイル研究にも当てはまる。そこで，この課題をクリアするために，ヴァルシナーの述べる発生の三層モデル（TLMG）を用いた。

第2章では，本研究が依拠する理論的枠組みについて述べた。TLMGは，価値観と日常行為との間に，両者を結びつけ，変容していく何らかの影響を与える中間層を設定した理論モデルである。本理論に基づけば，固定的に見える行為と保育者の持つ価値観との間に，両者を媒介する記号としての中間層を設定できる。以上のような本理論に依拠することで，ある種の価値観を持った保育者がどのように行為することを選択しているのかという行為の意味と捉えることができると考える。

第3章では，保育行為スタイルの分類とそれぞれのスタイルの保育者がどのように具体的にかかわっているのかを明らかにした。対象となったのは，7園7名の保育所保育士である。保育行為スタイルは一定の年齢で分岐していくことが予測されるため，経験年数10年以上の保育士のみを対象とした。保育場面の観察とインタビューから，指導的保育行為スタイル，集団的保育行為スタイル，応答的保育行為スタイルの３つが明らかになった。指導的保育行為スタイルは，幼児に積極的に介入・指導していくことを示し，集団的保育行為スタイルは，幼児間での交渉や相談を期待し，かかわっていた。応答的保育行為スタイルの保育士や，一人一人の充実や力の発揮をめざし，幼児が主体的にかかわれるように環境構成やかかわりを行っていた。

また，類似場面における保育行為スタイルの差異として，指導的，応答的保育行為スタイルの幼稚園教諭２名を対象にその場面ごとのかかわりの違いを明らかにした。

第４章では，保育者はどのような価値観を持ち，それがどのように保育行為を選択していく上で影響しているのかを明らかにした。上述の７名の保育士のインタビューをSCATとTEMという質的分析手法を用い，TLMGに基づき図式化した。その結果，保育行為スタイルの差異を生成するのは，内化プロセスにおける記号であり，経験の長い保育者はある一定の価値観を持っていることから，結果として保育行為がスタイルとして分岐していた。一方で，経験の長い保育者はその状況に応じて，どのようにかかわればよいのかを想定することができる。しかし，状況に応じた適切なかかわりは，外化プロセスにおける社会的文脈との葛藤であり，保育者自身の価値観とは葛藤しない。従って，経験の長い保育者は保育行為スタイルを持ちつつ，状況に応じた適切なかかわりができていた。

第５章では，このような保育行為スタイルが生成される端緒として，保育者が保育の中でどのように行為と価値観とを結びつけていくのか，日常の行為における価値観の変容を明らかにした。研究協力者は，保育者養成を行う４年制大学を卒業後，愛知県内の公立保育園で５歳児クラスを担当しているサトミ先生（女性，調査時23歳）である。彼女が就労した１年目の６月から３月まで月に１回（計10回），半構造化インタビューを行った。

その結果，サトミ先生は1年間を通して問題を解決していく中で，保育できていない自分から，なんとか保育できている保育者としての自分という自己を確立していきながらも，同時に幼児の成長に対する意識が高まり，かかわりや環境構成についても，様々な方法を試みながら保育を行うことができるようになっていくことが明らかになった。

第6章では，一度生成された保育者の保育行為スタイルが，日々の保育の中で変容しているのかを明らかにするために，2名の幼稚園教諭を対象として保育観察とカンファレンスを行い，保育行為スタイルの変容・非変容について明らかにした。その結果，カンファレンスにおけるふりかえりのプロセスが明らかとなり，その中で様々なシミュレーションを行うものの，自身の価値観と合致せず，最終的に保育行為スタイルは維持されていた。だが，これは否定的な意味としてではなく，経験の長い幼稚園教諭であるがゆえに，自身の専門家としての核となっているのである。つまり，「変わらない」ことを選択し続けている変化であるといえよう。

第2節　保育行為スタイルへのインプリケーション

第1項　TLMGに基づく保育行為スタイルのモデル

従来の研究では，保育行為スタイルとは，いわば行為の集積であり，行為頻度の偏りとして捉えられていた。第1章で述べたように，保育行為スタイルとは，単に指導方法として捉えられるか，保育者の無意識なパターンとして捉えられてきている。

本研究で得られた知見からは，保育行為スタイルとは，保育者がある種の価値観を所持し，その価値観に合致した保育を行うための保育行為の選択であると同時に，その時々の社会的文脈に応じることのできる柔軟なモデルであるといえよう。

保育者が行う保育行為は，単に指導方法の偏りや，無意識なパターンとしてあるものではなく，保育者の価値観という核を様々な社会的文脈に対応できる層が取り囲んでいる。そこで，本研究ではこれをマリモ・モデルとして提示したい（図 終-1)。

保育行為スタイルをマリモ・モデルとして捉えることの意味は次の点にある。本来のマリモは，細長い藻が水の中で転がることで球形に大きくなっていく。マリモは数多くあるものの，水中での転がり方や生息状況によって，その大きさや形は実に様々である。保育者もまたマリモのように，保育者としての経験を蓄積することで，初任保育者が持つ素朴な価値観を中心に，保育行為という藻を身につけていく。保育行為は，保育者の価値観と複雑に絡み合っている。この部分が中間層といえるだろう。

ここで地面は，社会的文脈である。地面には様々な凹凸があるものの，それは柔軟な藻によって変形し，マリモ本体としての形は損なわれない。そして，マリモは長い時間をかけて，自らを作り上げていくように，保育者もまた長い保育経験の中で自らを少しずつ作り上げていく。

このようにして，保育者としての経験を蓄積しながら，保育行為スタイル

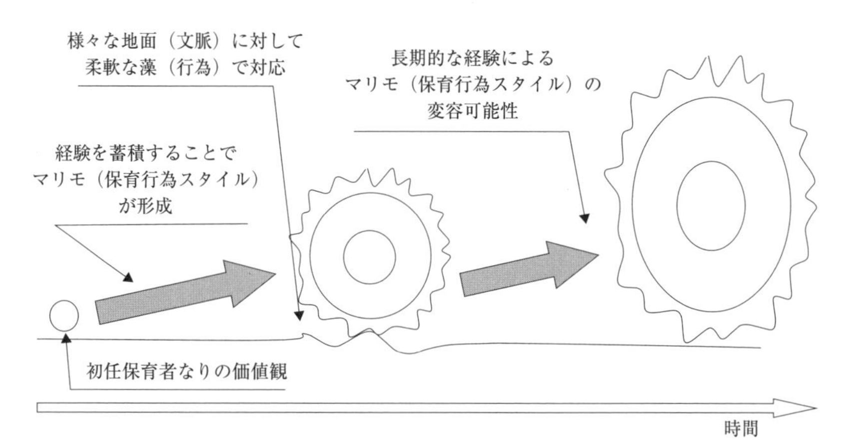

図 終-1　マリモ・モデル

表 終-1　マリモ・モデルとしての保育行為スタイル

マリモ	保育行為スタイル
・水の中を転がることで大きくなる ・生息状況により形状が異なる	・保育経験を蓄積することでスタイルが形成される
・地面に対して藻が緩衝材	・社会的文脈に対して様々な保育行為で対応
・生息状況が変われば徐々に変化する	・長期的には保育行為スタイルも変化する

が生成され，維持されていくといえるだろう。

このように捉えると，保育行為スタイルとは，保育者自身が保育経験の中で培い，様々な社会的文脈に対応できるように形成された一つの構造体であり，一つ一つの保育行為と保育者自身の価値観とが複雑に絡み合っている。よって，保育者の価値観に裏付けされた保育行為とは，単純に代替可能な技術ではなく，保育行為スタイルを形成すること自体が，個々の保育者としてのアイデンティティであり，専門性であるといえよう。

第2項　初任保育者に対するインプリケーション

本研究では，第5章において初任保育士が保育経験を通して，保育行為と価値観とをゆるがせながら結び付いていく過程を明らかにし，第6章において中堅幼稚園教諭がカンファレンスを通して，自身の保育行為をふりかえりながらも「変わらないこと」を選択していく過程を明らかにした。

以上の知見から，保育行為スタイルについて，特に初任保育者の時期が重要であると考える。

初任保育者は1年目の経験を通して，何もできていないという自覚から徐々に保育を行う事への自信を持つことができるようになる。これは，様々なゆらぎを経験しつつ，保育者としての素朴な価値観の形成である。

上田（2008）によると，保育経験5年以下の若年層は幼児の行動に対して対応する反応的な保育行為スタイルであったのに対して，それ以上では3つの保育行為スタイルに分岐するという。また，第5章においても，初任保育者が1年間の経験の中でも，漠然とした「何とかしないと」観から，幼児の発達を意識した焦点化した保育観を持つことがあきらかとなった。これを踏まえると，初任保育者が持った保育に対する素朴な価値観は，その後の2年～5年の保育経験を通じて，徐々に何らかの価値観に焦点化されていくと考えられる。従って，若年層のこの時期が，保育行為スタイル形成にとって，重要であり，この時期に園長や主任，同僚からどのような影響を受けているのかが，その後の保育行為スタイル形成に寄与していると考えられる。

第3節　本研究による保育研修への提言

本研究では，保育行為スタイルの行為の意味を射程に含め，TLMG を用いることで，最下層の行為，中間層の記号，最上層の価値観という複合的な関係性を明らかにした。これまで記したように，保育行為スタイルとは，保育者自身に深く結び付いたものであり，一度，形成されると特に価値観の変化には時間がかかると考えられる。しかし，本研究で記したように，それは変わらないことを選択し続けていることであり，変化しないことを意味していない。これらを踏まえて，TLMG から今後の研修のあり方について次のことが示唆される。本研究では，以下の3つの研修を示す。

第1項　行為（最下層）に着目した改善型研修

最下層の行為に着目した研修は，保育行為を修正・改善していくことが目的であるため改善型研修モデルとした。若年層の保育者が保育に対して課題を抱えていた時，それに対して適切な方法や対応策を提案するものである。行為を改善していくアプローチとしての改善型研修である。

第2項　記号（中間層）に着目したゆらぎ共有型研修

中間層の記号に着目した研修は，保育者間で自身の保育行為の意味を共有することで，そこでの葛藤やゆらぎを共有し，多様な保育行為をストラテジーとして獲得していくことが目的となるため，ゆらぎ共有型研修とした。改善型研修がどうしたらいいかわからない状況における対応を示すのに対して，ゆらぎ共有型研修では，むしろ他の保育者がどのように保育行為を行っているのかという異なる視点から保育を見ていくことにある。この研修では即効的効果よりも，中間層での記号を新たに発生させたり刺激することで，TLMGを活性化していくことにある。

第3項　価値観（最上層）に着目した薫陶型研修

最上層の価値観に着目した研修は，保育経験の長い熟達した保育者から保育に対する考え方を伝達していくことを目的としているため，薫陶型研修とした。熟達した保育者から長期的な保育実践の経験に裏打ちされたその人なりの保育に対する価値観を伝えることは，学生や初任者にとって直接保育を行う上で有益ではないかもしれない。しかし前項でも述べたように，保育行為スタイルが形成されていくためには，初任者から中堅の時期における他者の存在の影響があると示唆される。従って，保育における一つの理想的な姿や概念を提示することで，若年層にとっては将来の目指すべき姿となり，また，熟達者にとっては保育文化の伝達の意味を持つと考えられる。

これら3つの型の研修をまとめると表 終-2のようになる。

表 終-2　研修の概要

研修の型	研修の目的
薫陶型	価値観の伝達・理想的保育者像の獲得
ゆらぎ共有型	他者の保育行為とその意味を知る・ストラテジーの獲得
改善型	保育実践における具体的な手立ての改善

第4項　三層を踏まえた混合型研修

以上，TLMG に基づくそれぞれの層に着目した保育研修を表したが，最後にこれらを包括的に行う研修も可能であろう。保育者自身が自らの行為をふりかえる上で，自分はどのように行ったのか（最下層：保育行為），どのように行いたいのか（最上層：価値観），そう行えない社会的方向付けや社会的ガイダンスは何か（中間層：記号）と，それぞれの層に応じて捉え直すことで，日々の保育行為の見直しにつながっていくことが想定される。

本提言は，保育の研修を実施する際に，どのような課題を目的とするのか，そのためにはどの型の研修がよいのかを想定することで効果的な研修を実施することができると考えられる。

例えば，初任保育者であれば，改善型の研修で日々の保育を充実させると共に，薫陶型を行うことで，自身の保育者としてのあり方を考えていくことができるだろう。また，中堅保育者にとってみると，ゆらぎ共有型の研修を行うことで，保育行為や価値観の共有を行うことができ，保育者としての自分を異なる視点で捉えることが可能になるかもしれない。これらは一例であり，必ずしも経験年数と研修の型が対応しているわけではない。経験年数や保育者の状況に応じて，適切な研修を選択し，行うことが必要であろう。

第4節　本研究の意義

次に本研究の知見から得られる意義について述べる。

第一に，本研究では，経験の長い保育者が保育行為スタイルを獲得しつつも，様々な状況に柔軟に対応できることへの統合的解釈を行ったことである。

これまでの研究は，教師や保育者の行為を計量的に測定することで保育行為スタイルの存在を明らかにしてきた。しかし，一方で分類に終始してしまうことや測定する尺度が際限なく細分化することにつながり，様々なヴァリエーションは蓄積されてきていたものの，それ以上の進展が見込めず，70-80年代には盛んに行われていたこれらの研究は行き詰まりを迎えていた。

本研究では，行為だけではなく，そこへの意味づけを含めてTLMGを用いることで，保育行為スタイルが分岐するプロセスを示すことができた。第4章では，保育者が保育の場面を読みとる際に，どのような点に着目すべきかという情報の取捨選択では大きな際はなかったが，そこから発生する意味づけが異なっていることを示した。記号として発生した意味づけは，経験の長い保育者であれば，他の保育者の意味づけも知識として獲得はしているであろう。しかし，それが保育行為スタイルを生成するためには，そこに自身の価値観と結び付く必要がある。中間層の記号と最上層の価値観とが結び付かなければ，「そういうやり方があることは知ってはいるけど，私にはできない」ということになる。つまり，保育行為スタイルが生成されるためには，日々生起する保育の事象から，自身の価値観までが結び付く必要がある。このような枠組みで保育行為スタイルを捉えることは，単に行為を評価していくことで分類されていた行動評定的な保育行為スタイルの分類に対して，異なる視点を与えるだろう。

また，ここで記号として発生している意味づけを経験の長い保育者が獲得していることは，無駄ではない。それは，様々に生起する保育場面において，適切なかかわりを行うことができるストックとして機能するからである。

このことが経験の長い保育者が，自身の保育行為スタイルを獲得しつつも，様々な場面に対して対応する事ができるようになることへの解釈である。

第二に，保育行為スタイルの維持が，変化しない停滞としてではなく，主体的に選択されているという転換を示したことである。第6章で示したように，本研究において保育行為スタイルは，形成された固定的なものではなく，保育者が主体的に「変わらない」という変化として，描き出した。保育経験の長い保育者の保育行為が保育行為スタイルとして表出されていることは，試行錯誤や葛藤を通して変わらないことを選択しているのであり，単に同じ日常を同じように過ごしているのではない。「変われない」ではなく，「変わらない」ことの背後には，様々な試行錯誤や葛藤といったゆらぎが存在している。保育経験の長い保育者にとって，このゆらぎを通して「変わらない」でいる維持こそが，保育者自身の専門性であり，アイデンティティとなっている。

第三に，反省を強調したカンファレンスに対する示唆である。近年，反省的実践家モデルが提唱され，カンファレンスや事例検討を通して，ふりかえり，行為を改善し続けることが強調されている。保育者の専門性の向上という点において，反省的実践家モデルは優れたモデルであり，このこと自体は問題ではない。だが，一方で，カンファレンスや研修会では，場面ごとの切り取りが行われ，批判的に保育者の行為を捉えていくことがままある。しかし，ショーンの述べる反省的実践家とは，単純にそこで代替可能な技術としての保育行為の手立てを導き出すことではなく，自身の行為がどのような意味づけのもとで生成されているのかという価値観までも含めた問い直しにこそ，その意味があるのであろう（ショーン，2001）。この点において，本研究で示した保育行為スタイルの生成と維持の可視化は，ふりかえりを行う上での重要な示唆を与えると考えられる。

第四に，保育行為スタイルの生成に対する初任保育者の時期の重要性を示したことである。就職１～２年目の初任保育者の時期の重要性はこれまでも様々な視点から述べられてきている（例えば，保育士養成協議会，2009など）。だが，そこで述べられている重要性とは，いわば，初任者が一人前になっていくために，保育者養成校の卒業から就職後の移行が重要である，という即戦力という意味合いも大きい。初任保育者が一人前に働けるようになることは，重要なことであるが，しかし，どのような一人前になるのか，言い換えればどのような価値観を獲得するのかが重要であろう。

本研究の第５章では，初任保育者が日々の保育から徐々に自身が保育できたという価値観を形成していくプロセスを明らかにした。保育行為スタイルの生成ついては，第４章で明らかにしたように，価値観と記号との結びつきの差異であるが，この結びつきがなぜ異なるのかについては，第４章では十分ではなかった。第５章において，初任保育者は，様々な周囲の環境から影響を受け，ゆらぎながら価値観を獲得していくことが明らかになった。このことは，就労後，数年間が大きくゆらぎながら，その揺らぎが徐々に小さくなりつつ，一定の価値観を獲得していくと考えられる。その時にどのような価値観を獲得するかは，その時々の園の経営方針や，職場の園長，主任といった先輩保育者，あるいは同僚などが強く影響すると考えられる。この点について，影響していることは示しているが，何がどのように影響しているのかについては十分な検討がなされていないので，今後の課題となる。

以上，本研究が保育者研究に与える意義についてまとめた。最後に，次節では本研究の限界と課題を述べよう。

第５節　本研究の限界と課題

本研究の限界と課題について述べておく。

第一に，本研究では，保育行為スタイルを保育者の主体的なものとして，肯定的に捉えている。日々の保育を通して，研修やカンファレンスを行い，改善に努めている保育者が結果として自身の保育行為スタイルを変えないことについては，そうであるが，一方で，漫然と同じ保育を行い，変わらない保育行為スタイルの保育者もいるだろう。これは，「保育者は日々，自身の保育を改善すること」という保育士倫理綱領の立場から，保育者を肯定的にとらえているためであるが，否定的な意味での変わらない保育行為スタイルの保育者については，視野に入れることができていない。

第二に，本研究では，保育者の保育行為スタイルを射程とした結果，これらの保育行為スタイルが幼児に対して与える影響の違いについては十分な検討を行うことができていない。従来の研究では，ティーチング・スタイルに対して生徒側のラーニング・スタイルの検討を行っているものもあった。本研究では，保育行為スタイルのみに着目したことで，結果として，幼児側の影響については射程から外すことになった。しかし，保育行為スタイルがTLMGで現すことが出来る以上，幼児側のラーニング・スタイルもまた同じようにTLMGで現すことが可能であろう。そして，この両者は影響しあい，響き合っていると想定される。本研究の枠組みに則り，研究していくことは，ティーチング・スタイルに適合したラーニング・スタイルというスタイルの一対一図式ではない形で，実践現場の保育者と幼児の相互作用のあり方を明らかにすると考えられる。

第三に，前述した保育行為スタイルを生成する異なる価値観をどのように獲得していくのかという点についてである。本研究では，初任保育者がある種の価値観を獲得していくプロセスを明らかにすることができた。しかし，1年間に限定したため，保育行為スタイルの萌芽として捉えることはできたのみであった。これを2～5年と継続調査することで，保育行為スタイルを生成する異なる価値観の獲得プロセスを明らかにすることができるだろう。

以上の点が，本研究の限界であり，また，今後の研究の課題である。これらの限界と課題を踏まえつつ，さらに継続的な調査研究を行うことで，本研究のさらなる進展が見込まれるだろう。

引用文献

秋田喜代美（2000）保育者の成長と専門性．発達．83．1-74．

赤塚徳郎・森楙・石橋千種・福井敏雄（1981）保育者の行動特性と幼児の集団行動との関連．広島大学教育学部紀要（1）．30．143-152．

赤塚徳郎・森楙・大元千種（1982）保育行動と幼児の活動特性の保育形態別考察．広島大学教育学部紀要（1）．31．133-144．

芦田宏（1992）保育行動のカテゴリー分析．姫路短期大学研究報告紀要．37．39-47．

Benesse 教育研究開発センター（2006）「学校力」を生み出す学校評価．View. 21．Benesse.

Bennet, N. (1976) *Teaching styles and pupil progress.* Harvard university press.

藤崎真知代・熊谷真弓・藤永保（1985）保育者の保育経験と保育観に関する研究．発達研究（財）発達科学研究教育センター紀要．1．23-39．

藤崎真知代・熊谷真弓・藤永保（1986）保育者の保育経験と保育観に関する研究Ⅱ．発達研究（財）発達科学研究教育センター紀要．2．17-47．

藤崎真知代（1987）自由保育における保育者と幼児とのかかわり―縦断研究による保育効果の分析―群馬大学教育学部紀要人文・社会科学編．36．363-383．

Hayes, E. (1989) *Effective Teaching Styles.* Jossey-Bass Inc.

堀淳世（1997）幼稚園教諭が語る指導方法．保育学研究．35．60-67．

岩田恵子（2011）幼稚園における仲間づくり―「安心」関係から「信頼」関係を気づく道筋の探求―．保育学研究．49（2）．41-51．

梶田正巳・後藤宗理・吉田直子（1985）幼児教育専攻学生の「個人レベルの指導論」の研究．名古屋大学教育学部紀要（教育心理学科）．31．95-112．

梶田正巳・杉村伸一郎・桐山雅子・後藤宗理・吉田直子（1988）具体的な事例へ保育者はどう対応しているか．名古屋大学教育学部（教育心理学）．35．111-136．

笠原正洋・藤井直子（1997）保育者の信念と子どもへの関わり行動との関連．中村学園研究紀要．29．9-16．

木下康仁（2003）グラウンデッド・セオリー・アプローチの実践．弘文堂．

厚生労働省（2008）保育所保育指針．厚生労働省．

Kruif, R., McWilliam, R. A., Ridley, S. M. & Waley, M. B. (2000) Classification of theachers' interaction behaviors in early childhood classrooms. *Early childhood research Quarterly. 15*. 247-268.

Louisell, R. D., & Descamps, J. (1992) *Developing a Teaching Styles: Methods for elementary school teachers.* Waveland Press Inc.

Mahoney, G. & Wheeden, C. A. (1999) The effect of teacher style on interactive engagement of preschool-aged children with special learning needs. *Early childhood research quarterly.* 14. 51-68.

真宮美奈子・川上琴美・赤井住郎（2004）保育実践の熟達化に関する考察―経験年数の違いによる保育実践の語りの分析から―．山梨学院短期大学紀要．25．71-76.

McWilliam, R. A., Scarborough, A. A., Bagby., J. H. & Sweeney, A. L. (1998) *Teaching style rating scale.* Chapel Hill. Frank Porter Graham Child Development Center University of North Carolina.

McWilliam, R. A., Zulli, R. A. & de Kruif, R. E. L. (1998) *Teaching style rating scale manual.* Chapel Hill. Frank Porter Graham Child Development Center University of North Carolina.

Mishra, R. C. (2008) *Teaching styles.* APH publishing corporation.

三好敏江・石橋由美（2006）初任保育者の担当クラスと子どもの遊びにかかわるときの問題意識からみた保育士養成校の課題．新見公立短期大学紀要．27．111-116.

箕浦康子（1999）フィールドワークの技法と実際．ミネルヴァ書房．

箕輪潤子（2013）片付けの目標と実態の関連性．野間教育研究所紀要．57．156-175.

Mohanna, K., Chambers, R., Wall, D. (2008) *Your Teaching Style: A practical guide to understanding, developing and improving.* Radcliffe publishing Ltd.

森楙・大元千種・西田忠男・植田ひとみ（1985）幼児教育における指導法と保育イデオロギー．広島大学教育学部紀要(1)．33．87-96.

森楙・植田ひとみ・大元千種・西田忠男・湯川秀樹（1986a）保育者の指導意識の比較―経験・意欲・指導タイプ別考察―．幼年教育研究年報．11．13-23.

森楙・大元千種・植田ひとみ・西田忠男（1986b）保育学生の Belief System．広島大学教育学部紀要(1)．34．153-163.

森楙・七木田敦・青井倫子・廿日出里美（1991）行事場面における保育行動の特性．広島大学教育学部紀要(1)．40．181-186.

森上史朗（1996）カンファレンスによって保育を開く．発達．68．1-4.

文部科学省（2008）幼稚園教育要領．文部科学省．

中井隆司・川下亜紀（2003）運動遊び場面における幼稚園教諭の意志決定過程と「個人レベルの指導論」との関係．教育実践総合センター研究紀要．12．1-10.

中井隆司・松良綾子（2005）保育場面に表出する幼稚園教諭の指導信念に関する事例研究．教育実践総合センター研究紀要．14．11-20.
西山修・片山美香（2013）初任初期における保育者支援プログラムの個別実施とその効果．岡山大学大学院教育学研究科集録．152．1-9.
小田豊・中坪史典（2009）幼児理解からはじまる保育・幼児教育方法．建帛社.
小川博久（2000）保育援助論．生活ジャーナル.
小川博久・山本三重子・間宮由美子・小笠原善康・見村木綿子・沢田和子・鏑木典子・鈴木由紀子・望月操・福島真由美・池田由紀子・赤石元子・圓山真理子（1978）保育行動分析—授業研究の方法論の確立のために—．東京学芸大学紀要 1部門．29．58-78.
小原敏郎・入江礼子・白石敏行・友定啓子（2008）子ども同士のトラブルに保育者はどうかかわっているのか．乳幼児教育学研究．17．93-103.
大谷尚（2007）4ステップコーディングによる質的データ分析手法　SCATの提案．名古屋大学大学院教育発達科学研究科紀要（教育科学）52．2．27-44.
大谷尚（2011）SCAT: Steps for Coding and Theorization. 感性工学会誌．10．3．155-160.
Pajak, E. (2003) *Honoring diverse teaching styles.* ASCD.
Plank, S. (2000) *Finding one's place.* Teachers college press.
サトウタツヤ（2009）TEMではじめる質的研究—時間とプロセスを扱う研究をめざして．誠信書房.
佐藤智恵・森本玲子（2014）保育者を目指す学生が集団活動時に感じる困難さに関する研究：ナラティブ・アプローチによる分析．福祉臨床学科紀要．11．57-63.
関口準・橋本真理子・後藤千鶴子・常田奈津子・二階堂邦子（1985）保育者の保育指導の分析，評価の研究Ⅰ—保育実践の言語分析，行動分析—．日本女子体育大学．15．147-154.
関口準・橋本真理子・後藤千鶴子・常田奈津子・二階堂邦子（1986）保育者の保育指導の分析，評価の研究Ⅱ—保育実践の言語分析，活動分析から—．日本女子体育大学．16．131-138.
ショーン. D.（2001）専門家の知恵．ゆみる出版.
スターンバーグ. R. J.（2000）思考スタイル．新曜社.
杉村伸一郎・桐山雅子（1991）子どもの特性に応じた保育指導— Personal ATI Theory の実証的研究—．教育心理学研究．39．31-39.
砂上史子・秋田喜代美・増田時枝・箕輪潤子・安見克美（2009）保育者の語りにみる

実践知―「片付け場面」の映像に対する語りの内容分析―．保育学研究．47（2）．70-81.

高濱裕子（2001）保育者としての成長プロセス―幼児との関係を視点とした長期的・短期的発達―．風間書房.

田中敏明・渡邉尚子（1988）幼稚園における保育者の保育行動評価の試み．福岡教育大学紀要38．4．249-262.

竹内範子・上野由利子・前田喜四雄・玉村公二彦・越野和之（2009）特別な配慮を必要とする幼児の教育的支援．教育実践総合センター研究紀要．18．157-163.

豊田秀樹・秋田喜代美・吉田寿夫・無藤隆（2011）質的研究の理論的サンプリングにおける理論的飽和度．日本教育心理学会第53回総会自主企画25-J-01．配付資料.

豊田和子・榊原菜々枝（2013）保育者が語る「幼児理解」に関する傾聴を朱とした実践的研究の試み．桜花学園大学保育学部研究紀要．11．63-81.

上田敏丈（2008）保育者のティーチング・スタイル分類に関する研究．国際幼児教育学研究．15．1-12.

上田敏丈（2010）ティーチング・スタイルを視点とした保育者の関わりについての研究．子ども社会研究．16．3-15.

上田敏丈（2011）保育援助に対する幼稚園教諭のふりかえりプロセス―異なるティーチング・スタイルに着目して―．乳幼児教育学研究．20．47-58.

上田敏丈（2013）保育者のいざこざ場面に対するかかわりに関する研究―発生の三層モデルに基づく保育行為スタイルに着目して―．乳幼児教育学研究．22．19-29.

上田敏丈（2014）初任保育士のサトミ先生はどのようにして「保育できた」観を獲得したのか？―保育行為スタイルと価値観に着目して―．保育学研究．88-98.

上田敏丈（2014）保育者の保育行為スタイルと集団活動場面におけるかかわりに関する研究．教育学研究ジャーナル．15．1-9.

Vander V. K.（1988）Pathways to professional effectiveness for early childhood educators. B. Spodek, O. N. Saracho & D. Peters（Eds）*Professionalism and the early childhood practisioner.* Teacher College Press. 137-160.

Valsiner, J. & Sato, T.（2006）Historically Structured Sampling（HSS）: How can psychology's methodology become tuned in to the reality of the historical nature of cultural psychology?. Straub, J., Weidemann, D. Kolbl, C. & Zielke, B.（Eds.）*Pursuit of meaning. Advances in cultural and cross-cultural psychology* Bielefeld: Transcript Verlag. 215-251.

ヴァルシナー，ヤーン（2013）サトウタツヤ他（訳）新しい文化心理学の構築．新曜

社．（Valsiner, J. (2007) *Culture in mind societies: foundations of cultural psychology.* The Sage Tearm.）

渡辺恵子（1979）積木分類課題におけるティーチング・スタイル：日米の母親と教師の比較．神奈川大学人文研究．72．29-56.

渡辺恵子（1981）積木分類課題におけるティーチング・スタイル—その２：事例研究．神奈川大学人文研究．78．1-31.

安田裕子・サトウタツヤ（2012）TEMでわかる人生の径路—質的研究の新展開—．誠信書房.

横山真貴子・秋田喜代美（2001）保育における読み聞かせはどのように熟達するのか(2)．人間文化論叢．4．59-73.

全国保育士養成協議会（2009）保育士養成資料集50　指定保育士養成施設卒業生の卒後の動向及び業務の実態に関する調査報告書Ⅰ．全国保育士養成協議会.

全国保育士養成協議会（2010）保育士養成資料集52　指定保育士養成施設卒業生の卒後の動向及び業務の実態に関する調査報告書Ⅱ．全国保育士養成協議会.

謝　辞

「博士論文は，研究者としての集大成から，若手教員の登竜門と位置づけが変わったから，若い内にとっておきなさい」と，大学院生の頃，当時の指導教官であった鳥光美緒子先生に言われていた。個人的には鮮明に覚えているが，すでにあの時から十年以上が経ち，若手とは言えない年齢になりつつあるが，それでも何とか本博士論文をまとめ上げることができたのは喜ばしい限りである。

保育行為スタイルに関心を持ったのは，博士後期課程に入学してからすぐであった。それまで，博士前期課程では，幼児というよりは広く子どもに関心があったので，幼稚園に訪問することはなかった。博士後期課程になって，幼稚園に行ったときに，同じ園でも，ある先生の言葉がけは何となく幼児が従わなければならない雰囲気があったのに対して，別の先生はそうではない雰囲気があり，同じ園でも先生によって異なるのだなぁとぼんやりと感じたことがきっかけである。そこからは，あれこれと袋小路にはいっていたものの，「あなたのやりたいことはこういう感じ」と，鳥光先生から手渡されたのが，序章でも取り上げている Kruif らの「teaching styles」に関する論文であった。以後，teaching style をテーマに取り組み，その結果は，国際幼児教育学研究に掲載されたものの，再び迷路をさまようことになっていった。

第二の転機は，現在の指導教官である中坪先生に，立命館大学のサトウ先生が主催の TEM に関する研究会があるので，行ってみよう，と誘われたことである。ここでの TEM との出会いが，それまで量的に捉えようとしてきた teaching style を全く異なる視点で見ることのできるようになったきっかけであった。TEM によって，長い間，遅々として進まなかった研究が，とんとん拍子とまでは言わないが，それなりに順調に進んだのではないかと思う。

また，TEMと合わせて本研究で使用した大谷先生のSCATと出会えたことも幸いであった。SCATとは，別の研究でたまたま知り得たのだが，ナラティヴから段階的に抽象化していくことで，見えてこない何かが見えて来，語りの背景にある構造が理解されやすくなった。本研究で行ったSCATによる分析を踏まえてTEMによる図式化を，冗談めかして「スキャッテム(SCAT-TEM)」と呼んでいたが，両手法がなければ，本研究は成立していないといっても過言ではない。改めて感謝申し上げる。

博士後期課程からのテーマでもあったが，実に数多くの先生方，諸先輩方に支えられて，できあがったものであり，ここでお礼を申し上げたい。

学部の時のゼミ指導教員である広島修道大学人文学部　岡本徹先生には，研究者としての方向付けを頂き，広島修道大学大学院の時の指導教員である広島大学教育学部名誉教授　森楙先生には，幼児教育の基礎，研究の基礎を教えて頂きました。その後，広島大学大学院教育学研究科博士課程後期では，鳥光美緒子先生（現在は中央大学）に，研究者としての土台，あり方をたたき込んで頂きました。ありがとうございます。

また，TEM研究会では，立命館大学のサトウタツヤ先生，安田裕子先生，TEM研メンバーのみなさまには様々なご助言を頂き誠に感謝申し上げます。TEM研究会を通して知己を得たヤーン・ヴァルシナー先生（現在はオールボー大学）には，クラーク大学で主催のキッチンセミナーでの発表までさせて頂いた。

幼年教育研究施設の七木田敦先生には，大学院生の初期から丁寧にご指導，ご助言を戴きました。5章の初出「サトミ先生はどのようにして保育できた観を獲得したのか」論文のタイトルは先生のご助言なしには思いつかなかったものです。副査の山田浩之先生，深澤広明先生にも，講座での授業で発表させて頂き，ご指導受けたことが，本論文の構成をより確かなものにし，まとめ上げていく力となりました。ありがとうございます。

そして，鳥光研究室の兄弟子であり，指導教官である中坪史典先生には，最初から最後まで，何から何まで，ご指導頂いたことをここで改めてお礼申し上げます。

本研究にご協力頂いた各地の幼稚園，保育園の先生方，子どもたちにもお礼申し上げます。最後に，これまで育てて頂いた父　秀夫と母　千代美，共に育ち，ふるさとの尾道で活躍している弟　昇辰，何よりもプライベートで日々支えてくれた妻 範子と娘 華麟にも，ここで改めてお礼申し上げます。

2015年3月

上田敏丈

あとがき

本書は，2015年３月に広島大学大学院教育学研究科に提出した学位論文「保育者の保育行為スタイルの生成・維持プロセスに関する研究」をもとに若干の加筆・修正したものである。刊行にあたっては，独立行政法人日本学術振興会平成28年度科学研究費助成事業（科学研究費補助金）（研究成果公開促進費）「学術図書」（課題番号16HP5232）の交付を受けた。

学位論文提出から約１年が過ぎ，本書を出版するに際して学位論文を読み直した。この研究に取り組んでから，10年以上の歳月が経っているが，改めて自分がこの研究にどのようなスタンスで取り組んでいたのかを記しておきたい。

保育者の保育行為スタイルに取り組む上での基本的なスタンスは，日々の保育者の行為を肯定的に捉えたいというものであった。本書で変わらないことを維持し続ける保育行為スタイルと説明したときに，必ずしもそのように積極的，肯定的な保育者ばかりではなく，漫然として変わらない保育者もいるのではないか，という指摘を受けた。そのような保育者がいるであろうことは，想定できてはいたが，本研究では保育行為スタイルを保育者の専門性の一つのモデルとして提示することを目指していた。

2016年７月現在，アメリカのメジャーリーグで，3000本安打に向けて着実に打ち続けているイチローは，記録の達成を意識しないようにし，職人のように日々できることを積み重ねていると，インタビューの中で語っていた。

保育者の保育行為スタイルも，変われない惰性的なものではなく，イチローのように，意識的に変わろうとしないものとして描きたいという思いであった。それが十分に成功していなければ，それはひとえに筆者の力量不足であろう。

野球にイチローや前田健太，新井貴浩など多様なプレースタイルの選手がいるように，多様な保育行為スタイルの保育者がいることで，保育の文化が豊かになり，保育者の専門性の向上にもつながることを期待して，本書を閉じたい。

2016年12月

上田敏丈

略歴

上田敏丈（うえだ　はるとも）

名古屋市立大学 大学院人間文化研究科 准教授
博士（教育学）

2002年 広島大学大学院教育学研究科 博士課程後期 単位取得後退学
高知学園短期大学，中国学園大学を経て，2011年より現職
日本乳幼児教育学会 研究奨励賞（2002年），学術賞（2014）を受賞

著書：『TEA 実践編』（共著）『子ども理解のメソドロジー』（共著）
『名古屋教育史３巻』（共著）
など。

保育行為スタイルの生成・維持プロセスに関する研究

2017年１月31日　初版第１刷発行

著 者　上 田 敏 丈
発行者　風 間 敬 子
発行所　株式会社 風 間 書 房
〒101-0051　東京都千代田区神田神保町 1-34
電話 03（3291）5729　FAX 03（3291）5757
振替 00110-5-1853

印刷　太平印刷社　　製本　高地製本所

NDC 分類：370

ISBN978-4-7599-2171-7　Printed in Japan